Arthrose Ernährung

Die richtige Ernährung bei Arthrose. Die Gelenkkrankheit, Ernährung und Co. Inklusive vieler Rezepte und 14 Tage Ernährungsplan für den Einstieg.

Medical Academy

Inhaltsverzeichnis

Vorwort 1

1. Arthrose 2
    1.1 Was Arthrose ist 2
    1.2 Formen von Arthrose 3

2. Ursachen 5

3. Stadien 9

4. Symptome 10

5. Diagnose und Therapie 11
    5.1 Medikamente 12
    5.2 Was Sie selbst tun können 12

6. Vorbeugen 15

7. Ernährung 16
    7.1 Ihr Ernährungsplan 19

8. Rezepte 22
    8.1 Das Frühstück 22
    8.2. Hauptgerichte 31
    8.3 Salate 85
    8.4 Kleine Mahlzeiten – Zwischenmahlzeiten 99
    8.5 Backen 117

Zusammenfassung 127

Vorwort

Stellt der Arzt die Diagnose: „Sie haben Arthrose", ist der Patient erst einmal geschockt. Er sieht sich gleich im Rollstuhl, bewegungsunfähig und von Schmerzen gepeinigt. Dieses Szenarium kommt nur in Extremfällen vor und auch dann nur, wenn der Patient in Erwartung auf die Schmerzen und eintretende Bewegungsunfähigkeit sein Leben im Sessel verbringt.

Wir informieren Sie umfassend über Arthrose, über die Therapie und vor allen Dingen auch darüber, was Sie selbst tun können, damit Sie beweglich bleiben und voll im Leben stehen.

Die Ernährung spielt, wie bei fast allen Erkrankungen, eine sehr wichtige Rolle. Wir zeigen Ihnen, wie Ihr Ernährungsplan aussehen sollte und auf was Sie bei Ihrer Ernährung achten müssen. Um Ihnen das Ganze zu erleichtern, haben wir für Sie Rezeptideen gefunden, die Sie leicht nachkochen können.

1. Arthrose

Hüfte, Knie, Schulter oder Hände schmerzen, werden steifer; dies sind Symptome, die auf Arthrose hindeuten. Arthrose ist eine chronische Erkrankung an den Gelenken, die hauptsächlich ältere Menschen befällt. Das ist ein Irrglaube, denn auch junge Menschen können Arthrose bekommen; der Erkrankung ist das Alter des Betroffenen gleichgültig; es kommt auf die Lebensweise und die Ursachen an, die Arthrose auslösen.

1.1 Was Arthrose ist

Wir haben oben beschrieben, dass Arthrose eine Erkrankung an den Gelenken ist. Diese Aussage ist nicht falsch, doch trifft sie nicht den Punkt! Zwischen den Gelenken befinden sich Knorpel, die, bildlich gesprochen, eine „Knautschzone" bilden. Diese Knorpel sorgen dafür, dass die Gelenke nicht direkt aneinander reiben, beispielsweise, wenn wir aufstehen, Treppen laufen oder uns überhaupt bewegen. Diese Knorpel verteilen damit die Belastung gleichmäßig auf das Gelenk.

Mit dem Älterwerden der Menschen nutzen sich die Knorpel ab und können ihre Aufgabe als Stoßdämpfer nicht mehr erfüllen. Andere Gründe können falsche Belastung, zu wenig Bewegung sein. Arthrose ist mit Medikamenten nicht heilbar, sie ist chronisch. Im Extremfall ist eine Operation mit dem Einsetzen künstlicher Gelenke notwendig.

Arthrose kann sämtliche Gelenke eines menschlichen Körpers befallen. Den Betroffenen fällt die Erkrankung erst auf, wenn sich starke Schmerzen einstellen und die Bewegungsfreiheit des betroffenen Gelenks eingeschränkt ist. Besonders bei Arthrose an den Hüftgelenken kommt es anfangs häufig zu Fehldiagnosen. Eine große Anzahl der Ärzte lässt sich von der schmerzenden Körperpartie täuschen und diagnostiziert Ischias. Erst das Röntgenbild klärt auf, um welche Erkrankung es sich handelt.

Im menschlichen Körper befinden sich etwa 100 Gelenke, die voll entwickelt und geformt sind. An jedem dieser Gelenke kann Arthrose auftreten. Gelenke, die eine ständige starke Beanspruchung aushalten müssen, sind hauptsächlich gefährdet. Zu diesen Gelenken gehören Hüfte, Knie, Schulter und Hände.

Monarthrose ist der medizinische Begriff, wenn nur ein Gelenk von Arthrose betroffen ist; sind es mehrere Gelenke, nennen dies die Mediziner Polyarthrose.

Menschen, die starke Schmerzen haben, schonen sich und die schmerzende Körperpartie. Und schon geraten sie in einen Teufelskreis! Der Knorpel wird durch die Ruhestellung noch schlechter durchblutet und zieht sich zurück; damit geht auch die Schutzfunktion, die der Knorpel innehat, verloren.

1.2 Formen von Arthrose

Von Arthrose kann jedes Gelenk im Körper betroffen werden. Wir erklären Ihnen die Formen von Arthrose, die am häufigsten vorkommen.

Hüftarthrose

Die medizinische Bezeichnung für Hüftarthrose ist Coxarthrose. Dabei handelt es sich um eine Erkrankung des Hüftgelenks, die auf Verschleiß des Knorpels zurückzuführen ist. Der Knorpel baut sich ab, kann einreißen und sich aufrauen. Mit jedem Abbau des Knorpels wird der Druck auf den unter dem Gelenk liegenden Knochen erhöht; dadurch verändert er seine Struktur. Der Knorpel ist in der späteren Phase derart geschädigt, dass er vollkommen verschwindet. Dann liegen Gelenk und Knochen schutzlos beieinander, reiben sich bei jeder Bewegung aneinander. Das Ergebnis ist eine eingeschränkte

Beweglichkeit, die, wenn keine Therapie erfolgt, immer schlimmer wird.

Arthrose vom Kniegelenk

Gonarthrose ist die medizinische Bezeichnung für Arthrose vom Kniegelenk. Der Fortgang der Arthrose ist derselbe, wie die beim Hüftgelenk. Betroffene können kaum noch Treppen steigen, haben Schmerzen beim Laufen und können mit der Zeit das Knie nicht mehr beugen.

Auch bei Arthrose von anderen Gelenken ist die Entwicklung dieselbe. Es ist stets der Knorpel, der sich verändert und seine Funktion als Stoßdämpfer aufgibt.

2. Ursachen

Um sich mit den Ursachen, die Arthrose auslösen, zu beschäftigen, müssen wir wieder zwei Formen unterscheiden. Diese sind die primäre und die sekundäre Arthrose. Wir nehmen beide Formen für die wichtigsten Gelenke in Augenschein. Doch vorher noch eine Info: Bei Arthrose ist stets der Verschleiß vom Knorpel des Gelenks die Ursache. Unterschiede gibt es bei den Faktoren, welche den Knorpelabbau begünstigen.

Hüftgelenk

Arthrose am Hüftgelenk kann durch einen Unfall entstehen. Dieser Unfall kann viele Jahre zurückliegen, die Erkrankung kommt als Spätfolge. Ursache kann auch sein, dass sich während des Heilprozesses nach dem Unfall die Gelenkbereiche verändert haben.

Genetisch bedingt und angeboren kann eine Hüftdysplasie, eine Fehlstellung des Hüftgelenkes sein. Wird dies im Kleinkinderalter erkannt, wird dem Kind eine sogenannte Spreizhose angepasst. Im Baby- und Kleinkinderalter bildet sich die Hüftpfanne entsprechend aus. Unerkannt erfahren die Gelenke eine ständige Fehlbelastung, der Knorpel wird geschädigt.

Rheuma und Gicht sind ebenfalls als Ursache für Arthrose bekannt. Ebenfalls ursächlich ist die sogenannte Hüftkopfnekrose, die für das Absterben des Hüftkopfknochens verantwortlich ist. Dies muss nicht angeboren sein, als Ursache dafür stehen Alkoholmissbrauch, die Einnahme von Kortison und Nierenerkrankungen unter Verdacht.

Sport ist Mord – so ganz stimmt dies nicht. Doch wer Sport intensiv oder exzessiv ausübt, der trägt zum Verschleiß des Knorpels am Hüftgelenk bei.

Kommen wir zu der sogenannten Zivilisationskrankheit namens Übergewicht. Hüft- und Kniegelenke werden schon von Menschen mit Idealgewicht stark beansprucht. Diese Gelenke müssen das ganze Körpergewicht des Menschen tragen und das tagtäglich. Haben die Menschen Übergewicht werden die Gelenke an Hüfte und Knien übermäßig beansprucht.

Es gibt aber auch Fälle, da finden Ärzte bei ihren Patienten auch nach vielen Untersuchungen keine Ursache für Arthrose.

Kniegelenk

Verletzungen durch Unfälle, Sport oder andere Gegebenheiten sowie dauerhafte Überlastung sind die Ursache für Arthrose am Kniegelenk. Auch hier stehen, wie bei der Hüfte Fehlstellungen beispielsweise O-Beine, unter Verdacht. Dies beschleunigt den Knorpelabbau, da die Kniegelenke ständig unter hoher Belastung stehen. Entzündungen der Gelenke, Rheuma und Gicht begünstigen das Auslösen von Arthrose.

Wie auch bei der Hüftarthrose ist Übergewicht für die Gelenke Gift. Die Gelenke der Knie und Hüfte müssen das Gewicht tragen; von Natur aus sind unsere Gelenke auf Normalgewicht geeicht.

Studien haben belegt, dass bei Arthrose in der Gelenkflüssigkeit ein Vitamin-E-Mangel vorliegt. Dies ist sehr auffällig! Vitamin E gehört zu den antioxidativen Vitaminen, das die Gabe hat, frei Radikale zu entschärfen.

Primäre Arthrose

Unter primärer Arthrose verstehen Mediziner den Verschleiß des Knorpels ohne ersichtlichen Grund. Vermutet wird, dass einer der Schlüssel in der genetischen Veranlagung liegt. Diese Art der Arthrose betrifft meist Menschen, die sich in der zweiten Lebenshälfte befinden.

Sekundäre Arthrose

Bei der sekundären Arthrose gibt es einige Risikofaktoren, die in der Regel eindeutig sind. Dazu zählen:

- *Fehlbelastungen*
  Hohe Belastung durch Sport, schweres Tragen, aber dauerndes Sitzen sowie O- und X-Beine.

- *Übergewicht*
  Wir alle wissen, wie schwer es uns fällt, wenn wir schwere Pakete tragen. Stellen Sie sich einmal vor, was unsere Knie-, Hüft- und Fußgelenke sowie unsere Wirbelsäule an Mehrarbeit leisten muss, um Übergewicht zu tragen! Dies ist besonders heftig, wenn die Person einen Body-Mass-Index von mehr als 30 hat, also viel zu schwer ist.

- *Verletzungen*
  Verletzungen, auch wenn diese Jahre zurückliegen, lösen in vielen Fällen als Spätfolge Arthrose aus.

- *Krankheiten*
  Einige Krankheiten fördern Arthrose. Ein Beispiel dafür ist Rheuma. Bei dieser Erkrankung kann sich die Entzündung auf den Knorpel ausweiten und ihn schädigen. Es ist deshalb nicht verwunderlich, dass Rheuma und Arthrose oft gemeinsam auftreten.

Arthrose kann jeden Menschen ereilen, insbesondere Menschen, die täglich viele Stunden am Schreibtisch verbringen. Bei ihnen sind Hüftgelenke und Fingergelenke hauptsächlich betroffen.

Festgestellt wurde, dass insbesondere bei Arthrose an den Finger- und Handgelenken mehrheitlich Frauen betroffen sind. Man führt dies auf den veränderten Hormonhaushalt während der Wechseljahre zurück.

Es dürfte uns allen klar sein, dass auch die Knorpel an den Gelenken mit uns gemeinsam älter werden. Generell nimmt der Verschleiß an den Gelenken nach dem 50. Lebensjahr zu. Man spricht in diesen Fällen von Alterserscheinungen.

3. Stadien

Arthrose ereilt niemanden über Nacht. Der Abbau des Knorpels ist ein langwieriger Prozess, der in der Regel unbemerkt bleibt. Betroffene haben keine oder nur wenig Beschwerden.

In der zweiten Phase entwickelt sich der Verschleiß des Knorpels weiter. Erst jetzt kann es zu Beschwerden kommen. Viele Menschen suchen in dieser Phase den Arzt auf.

Eine Art Zwischenstadium ist die dritte Phase. Der Knorpel hat sich weiter zurückgebildet und kann den Druck nicht mehr ausgleichen. Die Beweglichkeit ist sehr eingeschränkt, die Betroffenen haben teilweise starke Schmerzen. Des Weiteren kann es zu Entzündungen kommen.

Die vierte und letzte Phase beschreibt das Spätstadium. In diesem reiben die Knochen ohne Knautschzone direkt aufeinander. Die Schmerzen werden unerträglich, die Beweglichkeit lässt stark nach. Bis es zu diesem Spätstadium kommt, können viele Jahre vergehen. In dieser Phase verändert sich auch der Knochen. Er ist nicht mehr rund, sondern knöchern und zackig. Dadurch wird die Beweglichkeit extrem eingeschränkt, wenn man nichts dagegen tut.

4. Symptome

Zu Beginn der Erkrankung treten die Symptome sehr schwach auf. Schmerzen sind mit eingeschränkter Bewegung und dem Gefühl der Steifheit die ersten typischen Symptome. Daneben empfinden Betroffene den Schmerz oft nicht am Gelenk, sondern über oder unter diesem. Beispielsweise bei Arthrose am Hüftgelenk kann der Schmerz am Gesäß oder am Oberschenkel sein. In solchen Fällen denkt man nicht daran, dass das Hüftgelenk geschädigt ist.

Belastungsschmerzen sind in der Regel die ersten Anzeichen. Diese Schmerzen treten dann auf, wenn das Gelenk beansprucht wird.

Arthrose am Knie- oder Fußgelenk treten Schmerzen auf, wenn man vom Stuhl aufsteht. Diese sogenannten Anlaufschmerzen kommen auch dann, wenn man sich längere Zeit nicht bewegt hat.

Später schmerzen die Gelenke bereits bei der kleinsten Beanspruchung; oft sogar dann, wenn sich die Person im Ruhezustand befindet.

Wird Arthrose nicht behandelt, kann es zu Schwellungen am betroffenen Gelenk kommen. Dieses kann auch durch die Beanspruchung entzünden.

Sind die Fingergelenke von Arthrose betroffen, kann es an den Gelenken zu harten Verdickungen kommen. Daneben werden die Finger steif, kraftlos und schmerzen bei jeder Bewegung.

5. Diagnose und Therapie

Vor der Therapie muss der Arzt eine Diagnose erstellen. Während Laien gerne Arthrose und Arthritis verwechseln, kennen Mediziner sehr wohl den Unterschied.

Bei Arthritis hat sich ein Gelenk, es können auch mehrere Gelenke sein, entzündet. Auch bei Arthrose sind Entzündungen der Gelenke oft Symptome der Erkrankung, doch hier ist die hauptsächliche Ursache der Verschleiß des Knorpels.

Diagnose

Der Arzt kann eine sichere Diagnose stellen, wenn er seinen Patienten geröntgt hat. Auf den Röntgenbildern sieht der Mediziner genau, in welchem Zustand die Gelenkspalte und das Gelenk sind. Röntgen ist allerdings nur dann sinnvoll, wenn die Arthrose schon weit fortgeschritten ist, da der Knorpel auf dem Röntgenbild nicht sichtbar ist.

Bessere Bilder erhält der Arzt durch eine Sonografie oder Ultraschall. Hier sind neben den Knochen auch Muskeln und Kapseln abgebildet.

In der Regel schicken Mediziner ihre Patienten zur Computertomografie oder Magnetresonanztomografie.

Die richtige medizinische Anlaufstation ist bei Arthrose immer der Orthopäde.

Therapie

Arthrose ist nicht heilbar; der Knorpel wächst weder nach noch erhält er seine ursprüngliche Form zurück. Die Schäden, die Arthrose am Knochen und Gelenk verursacht haben, bleiben erhalten und lassen sich nicht mehr rückgängig machen.

Der Orthopäde zielt mit seiner Therapie darauf hin, die aktuelle Beweglichkeit des Gelenks zu erhalten oder zu verbessern. Ein operativer Eingriff, bei dem das vorhandene, natürliche Gelenk gegen ein künstliches Gelenk ausgetauscht wird, ist in jedem Fall die letzte Option.

In erster Linie werden Schmerzmittel verschrieben. Dazu kommt Physiotherapie, Gymnastik oder Wassergymnastik.

5.1 Medikamente

Wie alle Medikamente haben auch Schmerzmittel Nebenwirkungen. Bei Schmerzmitteln gegen die Schmerzen bei Arthrose zeigen sich die Nebenwirkungen hauptsächlich beim Darm. Durchfall, Blut im Stuhlgang oder Verstopfung sind keine Seltenheit.

Es geht auch anders! Wer viel Geduld mitbringt, der sollte die Teufelskralle probieren. Anfangs ist die Dosis sechs Kapseln pro Tag, jeweils zwei Kapseln zu den Mahlzeiten. Es dauert gute sechs Monate, bis man wieder einigermaßen schmerzfrei laufen kann.

Dies ist nur ein Vorschlag, denn Menschen sind verschieden und reagieren unterschiedlich auf die Inhaltsstoffe von Schmerzmitteln. Die Faustregel ist: Erst die verschriebenen Medikamente probieren. Sind die Nebenwirkungen zu drastisch, sollte man auf pflanzliche Arzneimittel übergehen, beispielsweise auf die Teufelskralle.

5.2 Was Sie selbst tun können

Keine Therapie ist ein Allheilmittel! Macht der Patient nicht mit, sondern ruht sich auf der Diagnose aus, hilft ihm auch die beste Therapie nicht.

Sie, als Betroffene und Betroffener können viel dafür tun, um mit Arthrose ein ausgefülltes Leben zu führen.

1. *Körpergewicht*
   Bauen Sie überflüssiges Körpergewicht ab. Verändern Sie Ihre Ernährung und nutzen Sie die vielen Möglichkeiten, sich gesund zu ernähren. Viel Gemüse, Obst und gesunde Fette haben die Gabe, bei Arthrose den Verlauf positiv zu beeinflussen.

2. *Bewegung*
   Bewegen Sie sich nicht nur vom Sessel zur Küche, sondern gehen Sie raus in die Natur. Das Falscheste, das Arthrosepatienten machen können, ist die Schonung des betroffenen Gelenks. Damit fördern Sie den Abbau des Knorpels.

   Wenn Sie nicht dauerhaft auf das Rezept vom Arzt für die Physiotherapie angewiesen sein wollen, dann suchen Sie sich ein Fitnessstudio, das qualifizierte Therapeuten beschäftigt. Diese erstellen mit Ihnen einen Trainingsplan, der die Muskeln aufbaut. Eine starke Muskulatur entlastet die Gelenke mit dem Erfolg, Sie können schmerzfrei laufen und auch wieder lange Strecken Auto fahren. Wir wissen das auch und haben entsprechende Erfahrungswerte. Der große Erfolg stellt sich nicht von heute auf morgen ein, fällt auch nicht vom Himmel. Zweimal in der Woche trainieren, und schon nach sechs bis acht Wochen sehen Sie erste Erfolge.

   Gut bei Arthrose ist auch Schwimmen und Nordic Walking. Doch bei aller Ungeduld: Lassen Sie jede Sportart langsam angehen, überanstrengen Sie sich nicht und achten Sie stets darauf, Ihre Gelenke nicht zu überlasten.

3. *Physiotherapie*
   Bevor Sie sich für ein Fitness- oder Gesundheitsstudio entscheiden, sollten Sie die vom Arzt verschriebene Physiotherapie nutzen. Die Therapeuten zeigen ihren Patienten die Übungen, welche die Beweglichkeit der Gelenke verbessern und damit auch die Beschwerden wie Schmerzen verringern. Die

Patienten sind allerdings auch daran gehalten, ihre Übungen Zuhause zu machen und das bitte regelmäßig.

Viele weitere Therapien, wie Kälte, Strom, Wärme werden gerne angewandt. Diese drei Möglichkeiten verbessern die Durchblutung des Gelenks und lindern so die Schmerzen. Auch Massagen werden ebenso gerne verschrieben wie Akupunktur. Während die gesetzlichen Krankenversicherungen die Kosten für die Massagen zum großen Teil übernehmen, ist dies bei Akupunktur nicht der Fall. Patienten bezahlen für die Massagen ihren Eigenanteil; bei Akupunktur müssen sie die gesamten Kosten für die Behandlung bezahlen.

6. Vorbeugen

Arthrose kann man in der Regel vorbeugen. Es gibt allerdings Ausnahmen. Ist die Arthrose genetisch bedingt, dies bedeutet, es gibt bereits Arthrosefälle in der Familie, dann gibt es nur wenig Möglichkeiten, Arthrose vorzubeugen.

Dies gilt auch bei der sogenannten Altersarthrose. Das Lebensalter eines Menschen kann man nicht zurückschrauben; auch wenn viele von uns gerne wieder jünger wären und alles anders machen würden. Es ist der Lauf der Zeit: Wir werden älter, unsere Knochen und Gelenke auch. Während unseres Lebens beanspruchen wir unsere Gelenke; das Ergebnis ist die Abnutzung der Gelenke, der Knorpel und unserer Organe.

Vorbeugen kann man jedoch durch Bewegung und nochmals Bewegung! Man kann dieses Wort nicht oft genug sagen, denn es der wichtigste Faktor für die Vorbeugung und der Therapie von Arthrose.

Sport, jedoch kein Extremsport. Muskelaufbau ist eine gute Sache, denn eine gut trainierte Muskulatur entlastet die Gelenke. Dazu muss man wissen, dass die Muskeln die Gelenke zusammenhalten; je besser die Muskulatur ist, desto weniger Arbeit haben Gelenke und Knorpel.

Ein Heilpraktiker sagte mir einmal: „Der Knorpel ist ein stinkfauler Geselle! Wenn Du Dich nicht bewegst und ihn immer forderst, dann verkümmert er."

Eine große Rolle für die Vorbeugung von Arthrose spielt auch die Ernährung. Doch darüber mehr im nächsten Kapitel.

7. Ernährung

Üblicherweise haben ältere Menschen Arthrose, so der Gedanke vieler Menschen. Doch dies ist ein Irrglaube, denn immer mehr junge Menschen leiden an dieser chronischen Krankheit. Auch wenn das Alter und die genetischen Veranlagungen sowie Unfälle und andere Faktoren eine große Rolle spielen, kann man Arthrose durchaus als Zivilisationskrankheit bezeichnen.

Richtig ist, dass Arthrose nicht heilbar ist. Der Knorpel, der zerstört wurde, bleibt zerstört. Mit der richtigen Ernährung kann man auch mit Arthrose ein erfülltes Leben genießen, Sport betreiben und schmerzfrei laufen. Grund dafür ist einer der wichtigsten Faktoren, die für Arthrose ursächlich sind: Übergewicht!

Wer zu viel Gewicht auf die Waage bringt, der belastet seine Gelenke über alle Maße. Unsere Gelenke sind auf zu hohes Gewicht, sondern auf ein normales Körpergewicht programmiert. Mit Übergewicht wird Arthrose gefördert und der Knorpelabbau vorangetrieben.

Auf den Tisch sollte demnach

- viel Gemüse
- täglich Salat
- Kartoffeln
- Obst
- Naturreis
- fettreduzierte Milchprodukte

- Dinkel

- Fische, die im Kaltwasser leben, wie Forelle, Kabeljau

Daneben gibt es Lebensmittel, die einen Beitrag zur Regeneration der Knorpelmasse leisten. Dazu gehört Hirse. Ob dies den Tatsachen entspricht, ist wissenschaftlich nicht bewiesen.

Der Körper sollte entsäuert werden. Dafür eignen sich basische Tees wie Kräutertee. Auch Teemischungen, in denen Süßholz, Anis, Fenchel enthalten ist, entsäuern den Körper. In der Apotheke gibt es basische Tabletten und Pulver, die allerdings nicht von den Krankenversicherungen bezahlt werden.

Grüner Tee ist ein sehr gesunder Tee, denn er hat eine entzündungshemmende Wirkung. Wer noch einige Spritzer Zitrone zufügt, hat ein gesundes Schmerzmittel, das keine Nebenwirkungen hat.

Ebenfalls wichtig sind Vitamine, insbesondere die Vitamine A, C und E sowie die Mineralstoffe Kupfer und Selen.

Würzen Sie Ihre Speisen doch mal mit Kräutern, denn einige Kräuter wirken entzündungshemmend. Dazu gehören Minze, Rosmarin, Majoran, Thymian, Petersilie, Dill, Kurkuma, Fenchel, Kerbel, Oregano, Koriander und Ingwer sowie Chili und Zimt.

Wo es heißt, das soll man essen, gibt es auch einen Absatz, der sagt: Das soll man meiden. Hier ist er:

Schweinefleisch sollte nicht auf dem Speiseplan stehen, Rindfleisch nur noch gelegentlich. Letzteres gilt auch für Wurst, Nüsse, Erdbeeren, Tomaten, roter Pfeffer, Spargel, Zucker, Zitrusfrüchte und Süßigkeiten. Fette Lebensmittel, wie gehärtete Fette, Butter, Sahne sollten ebenfalls vom Speiseplan gestrichen werden, in jedem Fall aber nur maßvoll auf den Tisch kommen.

Knallrot wird die Verbotsliste bei Kaffee, schwarzem Tee und Alkohol.

Verbote sind nur schwer einzuhalten – das wissen wir auch und haben dafür Verständnis. Deshalb lockern wir die Verbotsliste etwas auf mit dem Satz:

Ab und zu darf man sündigen!

Es gibt Lebensmittel, die sich für Arthrosepatienten hervorragend eignen. Diese sind:

- Aloe-Vera
  Der Saft von Aloe-Vera beinhaltet Acemannan, ein Stoff, der für den Aufbau vom Knorpelgewebe dient.

- Brokkoli
  Das Gemüse enthält Sulforaphan. Dies ist ein sekundärer Pflanzenstoff, der antioxidativ wirkt. Mit dieser Eigenschaft kann der Stoff die Entwicklung der Krankheit verlangsamen.

- Granatapfel
  Wie auch Brokkoli beinhalten Granatäpfel Pflanzenstoffe mit antioxidativer Wirkung.

- Ingwer
  Ingwer lindert Schmerzen und hemmt Entzündungen.

- Knoblauch
  Diese Knolle beinhaltet Allicin; schneidet man die Knolle entsteht Dialliyldisulfid, das gemeinsam mit Allicin den Abbau des Knorpels unterdrücken kann.

- Kurkuma
  ist nicht nur ein Gewürz, sondern hat eine entzündungshemmende Wirkung.

- ➢ Magnesium
  sollte täglich eingenommen werden. Untersuchungen zeigten, dass der Knorpel schneller geschädigt wird, wenn Magnesiummangel vorliegt.

- ➢ Omega-3-Fettsäuren
  Dabei handelt es sich um gesunde Fette mit entzündungshemmender Wirkung.

- ➢ Selen
  Ein niedriger Selenspiegel verschlimmert die Arthrose; ein optimaler Selenspiegel hingegen senkt das Arthroserisiko.

- ➢ Silicium
  Dieses Spurenelement kann Knorpelzellen aktivieren, Glykosaminoglykane zu produzieren. Daneben erhöht Silicium auch die Dichte der Knochen.

- ➢ Vitamin E
  Vitamin E ist für alle Menschen ein wichtiges Vitamin, das eine starke antioxidative Wirkung hat und vor freien Radikalen schützt.

7.1 Ihr Ernährungsplan

Wer unter Arthrose leidet, tut alles, damit sich der gesundheitliche Zustand bessert, die Schmerzen nachlassen und der Betroffene schmerzfrei laufen kann. Es gibt für alles Mögliche Studien, so auch darüber, wie sich die Ernährung auf Arthrose auswirkt. Festgestellt wurde bei der Studie, dass Menschen, die sich vegetarisch ernähren, besser mit ihrer Krankheit zurechtkommen. Das liegt daran, so die Studie, dass sich Arthrose bessern kann, da in der vegetarischen und veganen Ernährung viel Vitamin C enthalten hat. Auch glutenfreie Ernährung lindert die Arthrosebeschwerden.

Die Studien stammen aus den Jahren 2001, 2013 und 2015.

Folgende Kriterien sollte ein Ernährungsplan bei Arthrose erfüllen:

- Vegane Ernährung, nach Möglichkeit Ernährungsumstellung von herkömmlicher Kost auf vegane Kost.
- Glutenfrei, damit der Darm entlastet wird.
- Vollwertig, reich an Vitalstoffen. Beides ist für Gelenke und Knorpel wichtig, denn beide brauchen die notwendigen Aufbau- und Schutzstoffe.
- Basen; ein übersäuerter Körper steht als Verursacher von Arthrose unter Verdacht.
- Reich an Antioxidantien, diese wirken entzündungshemmend.
- Nahrungsmittel, die den Darm nicht belasten.
- Keine Genussmittel, schädliche Lebensmittel. Dazu zählen Zucker, ungesunde Fette, Alkohol und Auszugsmehle.

Grundlagen für die richtige Ernährung:

Beginnen wir mit dem Trinkverhalten. Fakt ist, die meisten Menschen trinken zu wenig! Und damit sind wir beim Thema.

Wasser ist die ideale Flüssigkeit, die Sie über den Tag verteilt trinken sollten. Wichtig ist, dass Sie mindestens 1,5 Liter Flüssigkeit zu sich nehmen sollten, wobei Sie zwischen Wasser, Kräutertee und Grünem Tee wählen dürfen.

Ein Glas Wasser sollten Sie direkt nach dem Aufstehen, jedoch mindestens 25 Minuten vor dem Frühstück trinken. Mit zwei Esslöffel Zitronensaft haben Sie die perfekte Grundlage für den frühen Morgen.

Zum Essen sollte man nicht trinken, entweder 30 Minuten vor oder nach dem Essen. In jedem Fall ist es wichtig, dass Sie mindestens 1,5 Liter Flüssigkeit täglich zu sich nehmen; an sehr heißen Tagen darf es mehr sein, auf keinen Fall aber weniger.

Frühstück

Frisches Obst ist das ideale Frühstück. Stückeln Sie das Obst nicht ins Müsli, in Quark oder Joghurt, sondern bereiten Sie lieber einen Obstsalat zu. Smoothies, Vollkornbrot belegt mit Tomaten, Kräutern oder Gurken sowie zuckerfreies Müsli sind nur einige Vorschläge, die wir machen.

Hauptmahlzeit

Salate, Salat und nochmals Salat, aber bitte Blattsalate, Salate aus Wurzelgemüse und Fruchtgemüse. Entweder kommt der Salat als Hauptmahlzeit auf den Tisch oder aber als Vorspeise.

Zwischenmahlzeit

Smoothies, Dessertcremes aber auch Kuchen und Pudding sind eine schmackhafte Zwischenmahlzeit.

Abendessen

Für das Abendessen eignen sich leicht verdauliche Gerichte wie Gemüsesuppe.

8. Rezepte

Wir haben Sie umfassend über Arthrose informiert, Ihnen die Nahrungsmittel aufgelistet, die sich positiv auf die Krankheit auswirken und einen grob skizzierten Ernährungsplan vorgestellt. Damit Sie es einfacher haben, sich an die „neue" Ernährung zu gewöhnen, finden Sie nachfolgend einige Rezeptideen. Viele Gerichte kennen Sie schon, denn für Arthrose wurden keine neuen Gerichte erfunden. Die Rezepte, die für verschiedene Ernährungsweise als positiv angesehen werden, finden Sie nachfolgend.

Für das Abendessen haben wir keine Rezepte zusammengestellt. Ein leichtes Abendessen sollte aus leichten Gerichten bestehen, beispielsweise aus Gemüsesuppen – Rezepte für Suppen finden Sie in unserem Kapitel 8.2 Hauptgerichte.

Wir wünschen viel Spaß beim Nachkochen!

8.1 Das Frühstück

Das Frühstück ist die erste Mahlzeit des Tages. Etwa 30 Minuten vor Ihrem Frühstück sollten Sie ein Glas Wasser trinken. Idealerweise essen Sie die Früchte ohne weitere Zutaten, doch dies ist nicht jedermanns Sache und schon gar nicht am frühen Morgen. Deshalb haben wir einige Rezeptideen für Sie parat, die sich bei der Arthroseernährung ideal einfügen lassen.

Quark mit Chia und Beeren

Portionen: 2

Zutaten

250 g Beeren nach Geschmack

1 Avocado

6 EL Quark

4 EL Milch

4 EL Chiasamen

2 EL Leinsamen

1 TL Zitronensaft

Zubereitung

1. Milch und Chiasamen in eine Müslischüssel geben, 15 Minuten ruhen lassen.
2. Avocado halbieren, entsteinen, Fruchtfleisch herauslösen, auf einen Teller geben, mit einer Gabel zerdrücken, mit Zitronensaft beträufeln.
3. Die restlichen Zutaten mit Avocado, Beeren und Chiasamen, Quark in zwei Müslischüsseln verteilen.

Quark mit Früchten der Saison

Portionen: 2

Nährwerte je Portion:

Kcal: 407, Eiweiß: 16 g, Fett: 23 g, Kohlenhydrate: 30 g, Ballaststoffe: 3 g

Zutaten

10 EL frische Früchte der Saison

4 EL Haferkleie

6 EL Milch (Fettgehalt: 3,5 %)

6 EL Magerquark

2 EL Weizenkeimöl

2 EL Leinöl

2 TL Ahornsirup

1 TL Zitronensaft

Nach Belieben Mandelsplitter

Zubereitung

1. Die Früchte waschen, Beeren verlesen, Erdbeeren in Scheiben schneiden, Äpfel waschen, Kerngehäuse entfernen, in Schnitze schneiden.

2. Milch, Quark, die Öle, Ahornsirup, Haferkleie, Zitronensaft und Quark mit der Milch in einen Mixer geben, das Ganze zu einer cremigen Konsistenz mixen.

3. Die Quarkcreme in Schälchen füllen, nach Belieben mit Mandelsplitter bestreuen.

Haferbrei mit Mandeln

Portionen: 1

Nährwerte je Portion:

Kcal: 400, Eiweiß: 15,9 g, Fett: 25,1 g, Kohlenhydrate: 30,1 g

Zutaten

250 ml fettarme Milch (Fettgehalt: 1,5 %)

25 g gehackte Mandeln

3 EL Haferflocken

½ Apfel

Zubereitung

1. Apfel waschen, schälen, halbieren, Kerngehäuse entfernen, eine Apfelhälfte grob raspeln.
2. Milch und die Haferflocken in einen Topf geben, verrühren, aufkochen lassen. 2 - 3 Minuten bei niedriger Hitze köcheln lassen.
3. Mandeln zufügen, das Ganze aufkochen lassen, Topf vom Herd nehmen, den Haferbrei 10 Minuten ruhen lassen.
4. Den geraspelten Apfel zu den Haferflocken geben, mischen.

Haferbrei mit Chia und Kakao

Portionen: 2

Nährwerte je Portion:

Kcal: 601, Eiweiß: 18 g, Fett: 40 g, Kohlenhydrate: 39 g, Ballaststoffe: 123 g

Zutaten

4 EL Leinsamen

4 EL Dinkelflocken

4 EL Haferflocken

2 EL Leinöl

2 EL Chiasamen

2 EL Weizenkeimöl

2 TL zuckerfreier, entölter Kakao

2 TL Ahornsirup

1 TL Kurkuma

300 ml fettarme Milch

gemahlener schwarzer Pfeffer

<u>Zubereitung</u>

1. Milch in eine Schüssel gießen, Chiasamen, Haferflocken, Leinsamen, Dinkelflocken zufügen.
2. Schüssel abgedeckt in den Kühlschrank stellen, über Nacht quellen lassen.
3. Schüssel aus dem Kühlschrank holen, kurz anwärmen lassen, die restlichen Zutaten und Kurkuma zufügen, umrühren.

Porridge mit Kokos und Beeren

Portionen: 2

Nährwerte je Portion:

Kcal: 430, Eiweiß: 14 g, Fett: 21,9 g, Kohlenhydrate: 38 g, Ballaststoffe: 13 g

Zutaten

350 ml Milch (Fettgehalt: 1,5 %)

150 g rote Johannisbeeren

150 g Himbeeren

50 g Kokosraspeln

6 EL Haferflocken

1 EL Reissirup

etwas Salz

Zubereitung

1. Johannisbeeren abzupfen, verlesen, abspülen, abtropfen lassen.
2. Himbeeren verlesen, abspülen.
3. Die Beeren in eine Schüssel geben, vermischen. Reissirup zufügen, mischen.
4. Die Milch in einen Topf gießen. Haferflocken, Kokosraspeln mit einer Prise Salz zufügen, unter Rühren aufkochen lassen.
5. Den Topf vom Herd nehmen, das Ganze abkühlen lassen, Beeren und Porridge abwechselnd in Gläser verteilen.

Porridge mit Beeren der Saison

Portionen: 1

Nährwerte je Portion:

Kcal: 524, Eiweiß: 16 g, Fett: 32 g, Kohlenhydrate: 31 g, Ballaststoffe: 11 g

Zutaten

250 g frische Beeren der Saison

400 ml Wasser

100 g gehackte Mandeln

4 EL Haferflocken

2 EL Agavendicksaft

5 EL Joghurt

Salz

Zubereitung

1. Eine beschichtete Pfanne erhitzen, Mandeln zufügen, rösten.
2. Wasser in einen Topf gießen. Haferflocken, Salz zufügen, aufkochen lassen.
3. Topf vom Herd nehmen.
4. Beeren verlesen, waschen, zu den Haferflocken geben, unterrühren.

5. Agavendicksaft und Mandeln zufügen, vermischen. Porridge abkühlen lassen.

6. Joghurt zum Porridge geben, mischen, Porridge in ein Schälchen füllen.

Super-Smoothie mit Pistazien

Portionen: 3

Nährwerte je Portion:

Kcal:115, Eiweiß: 2 g, Fett: 8 g, Kohlenhydrate: 9 g

Zutaten

25 g Pistazienkerne ohne Haut

50 ml Wasser

300 ml Wasser

125 g frische Erdbeeren

½ Banane

etwas gemahlene Bourbonvanille

1 EL Xucker

1 EL Kokosmus

Zubereitung

1. 50 ml Wasser in eine Schüssel gießen, die Pistazienkerne zufügen, über Nacht ruhen lassen.

2. Die Pistazien in ein Sieb schütten, abspülen, abtropfen lassen.

3. Erdbeeren waschen.

4. Banane schälen, stückeln.

5. Erdbeeren, Bananenstücke, Pistazien mit Vanille, Xucker und Kokosmus in einen Mixer geben.

6. 300 ml Wasser zugießen.

7. Den Mixer starten, mit höchster Stufe pürieren.

Smoothie mit Chiasamen

Portionen: 3

Nährwerte je Portion:

Kcal:80, Eiweiß: 2 g, Fett: 2 g, Kohlenhydrate: 16 g

Zutaten

130 ml Wasser

150 ml Wasser

100 g frische Himbeeren

3 getrocknete Feigen

50 g Ananas

1 Pfirsich

1 EL Chiasamen

Zubereitung

1. 80 ml Wasser in eine Schüssel gießen. Chiasamen zufügen, Schüssel abdecken, über Nacht ruhen lassen.
2. 50 ml Wasser in eine weitere Schüssel gießen. Feigen zufügen, 3 Stunden einweichen.
3. Himbeeren verlesen, abspülen, abtropfen lassen.
4. Ananas schälen, stückeln.
5. Pfirsich waschen, halbieren, entsteinen, in Spalten schneiden.
6. 3 Himbeeren und 3 Pfirsichspalten für die Dekoration beiseitestellen.
7. Das restliche Obst in den Mixer geben.
8. Die Feigen und Chiasamen in ein Sieb schütten, abtropfen lassen, Einweichwasser auffangen. Stiele der Feigen entfernen, Feigen und Chiasamen mit dem Einweichwasser in den Mixer geben.
9. Das restliche Wasser zugießen.
10. Den Mixer starten, mit der höchsten Stufe das Ganze pürieren.

8.2. Hauptgerichte

In dieser Rubrik stellen wir Ihnen Rezepte vor, die oft eine komplette Mahlzeit, aber auch solche Rezepte, die nur einen Teil einer Mahlzeit sind. Lassen Sie sich überraschen!

Südliches Backofengemüse

Portionen: 4

Nährwerte je Portion:

Kcal: 300, BE 1,5, Kohlenhydrate: 2

<u>Zutaten</u>

140 g Vollkornbaguette

2 mittelgroße Zucchini

2 Knoblauchzehen

2 rote Paprika

2 gelbe Paprika

2 Zwiebeln

2 Möhren

16 schwarze entsteinte Oliven

2 Stiele Basilikum

2 Stiele Salbei

3 Zweige Rosmarin

10 TL Olivenöl

2 TL Honig

2 EL Rotweinessig

Arthrose Ernährung

2 TL Zitronensaft

Salz

Pfeffer

Paprika extra scharf

<u>Zubereitung</u>

1. Backofen auf 180 °C vorheizen, 1 Backblech mit Backpapier auslegen.
2. Zwiebeln und Knoblauch abziehen. Zwiebeln in Spalten schneiden, Knoblauch halbieren.
3. Paprika waschen, entkernen, Fruchthäute entfernen, in grobe Stücke schneiden.
4. Zucchini waschen, in Scheiben schneiden; Möhren waschen, würfeln.
5. Die Kräuter abbrausen. Salbeiblättchen abzupfen, beiseitelegen. Basilikum- und Rosmarinblättchen abzupfen, hacken.
6. Baguette in Scheiben schneiden.
7. Zucchini, Möhren, Zwiebeln und 1 Knoblauchzehe in eine Schüssel geben. 7 TL Olivenöl darüber geben, mit Salz, Pfeffer würzen, vermischen.
8. Das Gemüse auf dem Backblech verteilen, Rosmarin und Salbei darüber streuen. Backblech in den Ofen schieben, 20 Minuten garen.

9. Baguettescheiben auf einen Rost legen, diesen in den Backofen zum Gemüse schieben, 5 Minuten backen.

10. Restliches Olivenöl in eine Schüssel geben, Salz, Zitronensaft, Basilikum, Pfeffer zufügen, verrühren.

11. Gemüse in eine Schüssel geben, Oliven zufügen, mischen.

12. Essig und Honig zufügen, mischen, zum Gemüse geben, vermischen.

13. Die Baguettescheiben mit den restlichen Knoblauchhälften abreiben; mit der Ölmischung die Baguettescheiben bestreichen.

Buntes Gemüse aus dem Backofen

Portionen: 4

Zutaten

500 g Schafskäse

6 Tomaten

2 Zucchini

3 Zwiebeln

1 roter Paprika

1 gelber Paprika

2 Knoblauchzehen

3 EL Olivenöl

2 Stiele frischer Thymian

2 Stiele frischer Oregano

2 Stengel frisches Basilikum

Salz

Pfeffer

Cayennepfeffer

<u>Zubereitung</u>

1. Backofen auf Umluft 180 °C vorheizen, 1 Auflaufform einfetten.
2. Paprika waschen, entkernen, Fruchthäute entfernen, würfeln.
3. Zucchini waschen, grob würfeln.
4. Tomaten waschen, achteln.
5. Zwiebeln und Knoblauch abziehen, hacken.
6. Oregano, Thymian und Basilikum abbrausen, hacken.
7. Käse in 8 Scheiben schneiden.
8. Das vorbereitete Gemüse in eine Schüssel geben, mischen.
9. Olivenöl zufügen, unterrühren.
10. Zwiebeln, Knoblauch und Kräuter mit Salz, Pfeffer und Cayennepfeffer zufügen.
11. Die Käsescheiben in der Auflaufform verteilen, das Gemüse darauf verteilen.

12. Die Form in den Backofen stellen, 30 Minuten garen.

Ofen-Zucchini

Portionen: 4

Nährwerte je Portion:

Kcal: 420, Eiweiß: 16 g, Fett: 24 g, Kohlenhydrate: 35 g, Ballaststoffe: 12 g

Zutaten

4 Tomaten

2 große Zucchini

2 Karotten

1 große gelbe Bete

2 Knoblauchzehen

1 kleine Fenchelknolle

1 Stück frischer Ingwer (ca. 3 cm)

200 ml Wasser

80 g Quinoa

2 Stiele Oregano

2 Stiele Salbei

2 Zweige Rosmarin

Arthrose Ernährung

2 Stiele Thymian

4 EL Zitronensaft

2 EL Kokosöl

2 EL Mandelstifte

2 EL Walnusskerne

2 EL Kürbiskerne

2 TL Kurkuma

2 TL Chiliflocken

Salz

Pfeffer

<u>Zubereitung</u>

1. Backofen auf Umluft 160 °C vorheizen, Auflaufform einfetten.
2. Knoblauch abziehen, Ingwer waschen, schälen, beides würfeln.
3. Quinoa in ein Sieb schütten, gründlich abspülen, abtropfen lassen.
4. Einen Topf mit 2 TL Kokosöl erhitzen, Knoblauch, Ingwer zugeben, anbraten. Kurkuma zufügen, braten.
5. Quinoa in den Topf zugeben, mit braten.
6. Ablöschen mit Wasser, das Ganze 20 Minuten garen.

7. Tomaten mit kochendem Wasser überbrühen, häuten.

8. Zucchini waschen, längs halbieren, Fruchtfleisch auslösen, würfeln.

9. Karotten waschen, hacken, gelbe Bete waschen, würfeln.

10. Fenchel putzen, Struck entfernen, hacken. Fenchelgrün abbrausen, beiseitestellen.

11. Tomaten in einen Mixer geben, Nüsse zufügen, pürieren, würzen mit Salz, Pfeffer und Kurkuma.

12. Thymian, Salbei, Rosmarin abbrausen, Blättchen abzupfen, in den Mixer geben, pürieren.

13. Das restliche Kokosöl in die Auflaufform geben.

14. In die Form die Tomaten-Nuss-Mischung geben.

15. Die Zucchinihälften auf die Tomatenmischung legen. Die Quinoa-Gemüse-Mischung in die ausgehöhlten Zucchinihälften füllen.

16. Mandelsplitter, Chiliflocken darüber verteilen, alles im Backofen 20 Minuten garen lassen.

17. Garnieren mit Fenchelgrün und Kräutern, mit Zitronensaft beträufeln.

Pfannengemüse

Portionen: 2

Nährwerte je Portion:

Kcal: 170, Eiweiß: 9 g, Fett: 7 g, Kohlenhydrate: 17 g, Ballaststoffe: 9 g

Arthrose Ernährung

Zutaten

200 g Champignons

100 g Möhren

2 Knoblauchzehen

1 gelber Paprika

1 roter Paprika

1 rote Zwiebel

200 g TK-grüne Bohnen

100 g saure Sahne

1 Bund Petersilie

2 TL Rapsöl

250 ml Gemüsebrühe

Salz

Pfeffer

Zubereitung

1. Zwiebel, abziehen, hacken. Knoblauch abziehen, fein hacken.
2. Möhren waschen, evtl. schälen, in Scheiben schneiden; Paprika waschen, entkernen, Fruchthäute entfernen, stückeln.
3. Champignons putzen, Stielenden abschneiden, in Stücke schneiden, Bohnen auftauen, abtropfen lassen.

4. Rapsöl in eine beschichtete Pfanne geben, erhitzen. Zwiebel, Knoblauch zufügen, anschwitzen. Möhrenscheiben zufügen, anschwitzen.

5. Paprika zugeben, mischen. Pilze zufügen, das Gemüse 8 Minuten dünsten lassen.

6. Petersilie abbrausen, Blättchen abzupfen, hacken.

7. Bohnen und Petersilie zum Gemüse geben, das Ganze weitere 3 Minuten dünsten.

8. Mit Gemüsebrühe ablöschen, binden mit saurer Sahne.

9. Mit Salz, Pfeffer würzen.

Auberginenauflauf

Portionen: 4

Nährwerte je Portion:

Kcal: 290, Eiweiß: 16 g, Fett: 20 g, Kohlenhydrate: 8 g, Ballaststoffe: 4 g

Zutaten

3 Auberginen (Gesamtgewicht: 750 g)

3 EL Olivenöl

1 Dose geschälte Tomaten (Abtropfgewicht: 400 g)

1 Knoblauchzehe

1 rote Zwiebel

Arthrose Ernährung

1 Bund Basilikum

200 g Mozzarella

25 g geriebener Parmesan

getrockneter Oregano

Pfeffer

Salz

<u>Zubereitung</u>

1. Backofen vorheizen Umluft 200 °C, 1 Backblech mit Backpapier auslegen, 1 Auflaufform bereitstellen.
2. Auberginen gründlich waschen, in Scheiben schneiden, diese auf dem Backblech verteilen, das Blech in den Ofen schieben, 7 Minuten grillen.
3. Zwiebel abziehen, in Ringe schneiden. Knoblauch abziehen, würfeln.
4. Basilikum abbrausen, Blättchen abzupfen, in Streifen schneiden.
5. 2 EL Olivenöl in eine beschichtete Pfanne geben, erhitzen. Zwiebel und Knoblauch zufügen, glasig dünsten.
6. Ablöschen mit Dosentomaten. Salz, Pfeffer zufügen, mischen. Basilikum und Oregano zugeben, mischen. Das Ganze bei geringer Hitze 10 Minuten köcheln.
7. Mozzarella abtropfen lassen, in Scheiben schneiden.

8. Die Auflaufform mit 1 EL Olivenöl einfetten. Zuerst 2 EL der Tomatenmischung in der Form verteilen. Auf die Tomaten kommen Auberginenscheiben, darauf wieder Tomatenmischung, dann Auberginenscheiben, Mozzarellascheiben darüber verteilen und mit Parmesan bestreuen. Eine Schicht nach der anderen in der Form verteilen, bis Tomatenmischung und Auberginenscheiben aufgebraucht sind.

9. Mozzarella und Parmesan bilden den Abschluss.

10. Den Auflauf im Backofen 20 Minuten backen.

Brokkoliauflauf

Portionen: 4

Nährwerte je Portion:

Kcal: 374, Eiweiß: 24 g, Fett:26 g, Kohlenhydrate: 11 g, Ballaststoffe: 6 g

Zutaten

250 g Schafskäse (fettarm)

250 ml Milch (Fettgehalt: 1,5 %)

200 g Tomaten

1 kg Brokkoli

1 Zwiebel

½ Knoblauchzehe

3 Eier

Arthrose Ernährung

Rapsöl

2 EL gekörnte Gemüsebrühe

2 - 3 Stiele Petersilie

2 - 3 Stiele Basilikum

etwas Schnittlauch

Salz

Pfeffer

2 - 3 EL Wasser

<u>Soße</u>

1 Dose gestückelte Tomaten

½ Knoblauchzehe

½ Zwiebel

Salz

Pfeffer

½ TL Zucker

1 El Olivenöl

2 Stiele Basilikum (ergibt gehackt 2 EL)

<u>Zubereitung</u>

1. Backofen auf Umluft 180 °C vorheizen, 1 Auflaufform einfetten.

2. Brokkoli in Röschen teilen, waschen.

3. Zwiebel, Knoblauch abziehen, beides fein hacken.

4. Rapsöl in eine beschichtete Pfanne geben, erhitzen. Zwiebel, Knoblauch zufügen, glasig dünsten.

5. Brokkoli zufügen, mit 2 - 3 EL Wasser ablöschen, garen.

6. Tomaten waschen, Stielansatz entfernen, Tomaten stückeln. Kräuter abbrausen, von Basilikum und Petersilie Blättchen abzupfen, grob hacken, Schnittlauch in feine Röllchen schneiden.

7. Milch in eine Schüssel gießen. Eier zufügen, verquirlen. Gemüsebrühe zugeben, verquirlen, mit Salz, Pfeffer würzen. Kräuter zufügen, unterrühren.

8. Brokkoli und Tomaten in die Auflaufform schichten, die Milchmischung zugießen.

9. Käse klein schneiden, über dem Auflauf verteilen.

10. Die Form in den Backofen stellen, 20 Minuten garen.

11. *Für die Soße:* Knoblauch, Zwiebel abziehen, beides fein hacken. Basilikum abbrausen, Blättchen abzupfen, in feine Streifen schneiden.

12. Olivenöl in eine beschichtete Pfanne geben, erhitzen. Zwiebel, Knoblauch zufügen, dünsten.

13. Ablöschen mit den Dosentomaten, das Ganze bei geringer Hitze 15 Minuten köcheln lassen.

14. Basilikum zufügen, würzen mit Salz, Pfeffer, mit Zucker abschmecken.

15. Auflauf und Soße gemeinsam servieren.

Blumenkohl-Curry

Portionen: 4

Nährwerte je Portion:

Kcal: 360, Eiweiß: 26 g, Fett: 17 g, Kohlenhydrate: 20 g, Ballaststoffe: 12 g

<u>Zutaten</u>

500 ml Gemüsebrühe

400 g Tofu

250 g Zuckerschoten

2 rote Chilischoten

2 Knoblauchzehen

1 Zwiebel

1 mittelgroßer Blumenkohl (Gewicht ca. 750 g)

2 EL Rapsöl

2 EL Curry

2 EL Zitronensaft

1 EL Kokosflocken

1 TL Kurkuma

1 TL Salz

Zubereitung

1. Blumenkohl in Röschen teilen, waschen, den Strunk waschen, in Würfel schneiden.
2. Knoblauch, Zwiebel abziehen, fein hacken.
3. Chilischote waschen, halbieren, entkernen, würfeln.
4. In einem Topf Rapsöl erhitzen. Knoblauch, Chili, Zwiebel, Salz, Curry und Kurkuma zufügen, anbraten.
5. Mit der Gemüsebrühe ablöschen, das Ganze zum Kochen bringen.
6. Blumenkohl zufügen, bei geringer Hitze 22 Minuten garen.
7. Zuckerschoten waschen, Fäden abziehen. Tofu in Streifen schneiden.
8. Tofu, Zuckerschoten zum Blumenkohl geben, umrühren, weitere 3 Minuten köcheln lassen.
9. Mit Salz und Pfeffer nach Bedarf nachwürzen, pikant abschmecken mit Zitronensaft und mit Kokosflocken bestreuen.

Gemüse-Curry

Portionen: 4

Nährwerte je Portion:

Kcal: 165, Eiweiß: 8 g, Fett: 4 g, Kohlenhydrate: 23 g, Ballaststoffe: 8 g

Arthrose Ernährung

<u>Zutaten</u>

400 ml Wasser

1 Dose Kokosmilch (Inhalt: ca. 400 ml)

80 g rote Linsen

2 Möhren

2 Knoblauchzehen

1 Zucchini

1 Mango

1 Zwiebel

1 gelber Paprika

1 kleines großes Stück frischer Ingwer

1 roter Paprika

1 EL Kokosöl

1 EL Curry

1 EL Tomatenmark

1 EL Kurkuma

Pfeffer

Salz

Zubereitung

1. Zwiebel, Knoblauch abziehen, hacken.
2. Ingwer waschen, evtl. schälen, hacken.
3. Zucchini, Möhren waschen, stückeln.
4. Paprika waschen, halbieren, entkernen, Fruchthäute entfernen, stückeln.
5. Linsen in ein Sieb geben, gründlich abspülen, abtropfen lassen.
6. In einem großen Topf Kokosöl geben, erhitzen. Zwiebel, Knoblauch, Zucchini, Karotten, Paprika zufügen, anbraten.
7. Ingwer, Linsen zufügen, rösten.
8. Ablöschen mit Kokosmilch und Wasser.
9. Tomatenmark zufügen, verrühren, würzen mit Salz, Pfeffer und Kurkuma.
10. Topf mit Deckel abdecken, das Curry 15 Minuten köcheln lassen.
11. Mango schälen, Fruchtfleisch herauslösen, in Würfel schneiden.
12. Über das fertige Curry Mangowürfel streuen.

Karotten-Curry

Portionen: 4

Nährwerte je Portion:

Arthrose Ernährung

Kcal: 190, Eiweiß: 5 g, Fett: 14 g, Kohlenhydrate: 6 g

Zutaten

4 Karotten (Gesamtgewicht: 500 g)

1 Bund Petersilie

1 Zwiebel

200 ml Gemüsebrühe

2 EL Rapsöl

2 EL Mandelstifte

2 EL Sonnenblumenkerne

2 TL Curry

Salz

Pfeffer

Zubereitung

1. Karotten gründlich putzen, in Stifte schneiden.
2. Zwiebel abziehen, in Würfel schneiden.
3. Rapsöl in einen großen Topf geben, erhitzen. Zwiebeln zufügen, glasig dünsten.
4. Mandeln, Sonnenblumenkerne zufügen, kurz dünsten, mit Curry das Ganze bestreuen.
5. Karotten zugeben, umrühren, mit Gemüsebrühe ablöschen, bei

niedriger Hitze 10 Minuten garen.

6. Petersilie abbrausen, Blättchen abzupfen, hacken, zum Curry geben, mischen.

7. Das Karotten-Curry würzen mit Salz, Pfeffer, pikant abschmecken mit Curry.

Kartoffel-Curry zubereitet im Wok

Portionen: 4

<u>Zutaten</u>

500 g Auberginen

400 g Kartoffeln

1 Dose pürierte Tomaten (Abtropfgewicht: 400 g)

200 g Zwiebeln

100 g Babyspinat

125 ml Olivenöl

125 ml Wasser

2 Knoblauchzehen

2 lange grüne Chilischoten

1 kleines Stück Ingwer

1 EL Currypaste

1 TL brauner Zucker

Arthrose Ernährung

1 TL braune Senfsamen

½ TL Kümmelsamen

<u>Zubereitung</u>

1. Auberginen waschen, grob würfeln.
2. Kartoffeln waschen, schälen, grob würfeln.
3. Zwiebeln abziehen, würfeln.
4. Knoblauch abziehen, durch die Presse pressen.
5. Chilischoten waschen, halbieren, entkernen, in dünne Streifen schneiden.
6. Ingwer putzen, evtl. schälen, reiben.
7. Spinat waschen, abtropfen lassen.
8. Olivenöl in einen Wok geben, erhitzen. Auberginen zufügen, anbraten, aus dem Wok nehmen, beiseitestellen.
9. Kartoffeln in den Wok geben, anbraten, auf Küchenkrepp verteilen.
10. Eine beschichtete Pfanne erhitzen. Kümmel- und Senfsamen zufügen, anrösten.
11. Knoblauch, Ingwer und Zwiebeln zufügen, glasig dünsten. Chili zufügen, dünsten, Currypaste zugeben, verrühren.
12. Kartoffeln zufügen, kurz mit braten, mit den Dosentomaten ablöschen, Wasser zufügen, das Ganze garen lassen.

13. Spinat und Auberginen zufügen, vorsichtig untermischen. Zucker zugeben, weiter köcheln lassen. Wenn der Spinat zusammengefallen ist, kann das Curry serviert werden.

Purinarmes Chili

Portionen: 4

Zutaten

800 g festkochende Kartoffeln

500 ml Tomatensaft

4 Frühlingszwiebeln

2 getrocknete Chilischoten

1 gelber Paprika

1 roter Paprika

1 Dose Mais

1 Dose Kidneybohnen

4 EL Crème fraîche

2 EL Sesamöl

Salz

Pfeffer

Zubereitung

1. Kartoffeln waschen, zu Pellkartoffeln verarbeiten, dann pellen und in Scheiben schneiden.

2. Kidneybohnen in ein Sieb schütten, so lange abspülen, bis sich kein Schaum bildet.

3. Mais in ein Sieb schütten, abtropfen lassen.

4. Paprika waschen, entkernen, weiße Fruchthäute entfernen, grob würfeln.

5. Frühlingszwiebeln abziehen, in Ringe schneiden.

6. Chilischoten kurz abspülen, zerkrümeln.

7. Öl in eine beschichtete Pfanne geben, erhitzen. Kartoffeln, Zwiebeln und Paprika zufügen, 5 Minuten braten.

8. Würzen mit Salz, Pfeffer und Chili.

9. Das Ganze mit Tomatensaft ablöschen, aufkochen lassen, weitere 5 Minuten köcheln lassen.

10. Mais und Kidneybohnen zufügen, kurz erhitzen.

11. Das Chili anrichten, einen EL Crème fraîche auf das Chili geben und servieren.

Kokos-Kürbis-Gemüse

Portionen: 4

Zutaten

2 Kürbisse (Gesamtgewicht: 2 kg)

3 - 4 Lauchstangen (Gesamtgewicht: 400 g)

2 Zwiebeln

2 Chilischoten

2 Bund frischer Koriander

800 ml Kokosmilch

500 ml Gemüsebrühe

100 ml Sahne

3 EL Öl

3 EL Essigessenz

2 EL gemahlener Koriander

Salz

Pfeffer

<u>Zubereitung</u>

1. Kürbis schälen, Fruchtfleisch würfeln.
2. Zwiebeln abziehen, würfeln.
3. Lauch putzen, stückeln, Chili waschen, halbieren, entkernen, stückeln.
4. Das Öl in einen großen Topf geben, erhitzen. Kürbis, Zwiebeln, Chili zufügen, andünsten, dabei ständig umrühren.
5. Ablöschen mit Gemüsebrühe, Essigessenz zufügen, verrühren.
6. Würzen mit Salz, Pfeffer und dem gemahlenen Koriander. Das Ganze aufkochen lassen, dann 10 Minuten köcheln lassen.

7. Lauch zufügen, nochmals 10 Minuten garen.

8. Kokosmilch und Sahne zum Gemüse geben, verrühren, aufkochen lassen. Würzen mit Salz, Pfeffer.

9. Den frischen Koriander abbrausen, hacken, zum Gemüse geben.

Dazu passen Kartoffeln.

Joghurtsuppe

Portionen: 4

Zutaten

2 große Becher Joghurt (Gesamtgewicht: 1.000 g)

1.000 ml Wasser

200 g Langkornreis

150 g Spinat

5 Knoblauchzehen

1 Bund Lauchzwiebeln

1 Bund Sellerie

1 Ei

1 Bund Koriander

1 Bund Dill

1 EL Mehl

1 TL Salz

<u>Zubereitung</u>

1. Spinat waschen, grob hacken.
2. Kräuter abbrausen, Blättchen abzupfen, hacken.
3. Joghurt in einen großen Topf geben, Wasser zufügen, verrühren.
4. Kräuter, Ei, Mehl, Reis zufügen, verrühren.
5. Den Topf auf den Herd stellen, zum Kochen bringen, aufkochen lassen.
6. Hitze reduzieren, die Suppe 10 Minuten unter Rühren köcheln lassen.

Tipp: Am nächsten Tag nochmals aufgewärmt ist die Suppe ein Genuss.

Möhrensuppe á la Ayurveda

Portionen: 4

<u>Zutaten</u>

500 g Möhren

1 rote Chilischote

1 kleines Stück Ingwer (ergibt gehackt 1 TL)

20 g Kürbiskerne

150 ml Sahne

Arthrose Ernährung

150 ml Wasser

50 ml Milch

1 EL brauner Zucker

½ EL gekörnte Gemüsebrühe

1 EL Walnussöl

etwas Balsamico

etwas Kresse

<u>Zubereitung</u>

1. Möhren putzen, evtl. schälen, stückeln.
2. Ingwer putzen, schälen, hacken.
3. Chilischote waschen, halbieren, entkernen, fein würfeln.
4. Kresse abbrausen.
5. Eine beschichtete Pfanne erhitzen. Kürbiskerne zufügen, rösten.
6. Eine weitere Pfanne mit Sesamöl erhitzen. Zucker zufügen, karamellisieren.
7. Möhren zum Zucker geben, kurz anbraten, dann mit Wasser ablöschen, das Ganze bissfest garen.
8. Den Inhalt der Pfanne in einen Mixer geben, pürieren.
9. Das Püree in den Topf schütten. Ingwer, Chilischote, Gemüsebrühe zufügen, aufkochen lassen.

10. Sahne zufügen, unterrühren, evtl. würzen, verfeinern mit Balsamico.

11. Milch aufschäumen.

12. Die Suppe auf 4 Teller verteilen, die aufgeschäumte Milch auf die Suppe geben, Kürbiskerne und Kresse über die Suppe streuen.

Zwiebelsuppe aus Indien

Portionen: 4

<u>Zutaten</u>

1.200 g Gemüsezwiebeln

3 Frühlingszwiebeln

2 grüne Chilischoten

1.200 ml Gemüsebrühe

60 g Butterschmalz

3 Gewürznelken

½ Bund glatte Petersilie

2 EL Curry

1 ½ EL Zitronensaft

1 TL Honig

½ türkisches Fladenbrot mit Sesam

Zubereitung

1. Gemüsezwiebeln abziehen, halbieren, in Ringe schneiden.
2. Chilischoten waschen, halbieren, entkernen, würfeln.
3. Frühlingszwiebeln abziehen, in schräge Scheiben schneiden.
4. Petersilie abbrausen, Blättchen abzupfen.
5. In einen großen Topf die Hälfte vom Butterschmalz geben, zerlassen.
6. Honig zufügen, karamellisieren.
7. Gemüsezwiebeln und Chili zufügen, andünsten; Curry und Gewürznelken zugeben, andünsten.
8. Ablöschen mit der Gemüsebrühe, alles aufkochen lassen, Hitze reduzieren, Topf mit Deckel verschließen, die Suppe 20 Minuten garen.
9. Frühlingszwiebeln zufügen, nochmals 5 Minuten köcheln lassen.
10. Würzen mit Zitronensaft; Petersilie zufügen, verrühren.
11. Fladenbrot würfeln.
12. Das restliche Butterschmalz in eine beschichtete Pfanne geben, erhitzen, Fladenbrotwürfel zufügen, rösten.
13. Die Fladenbrotwürfel dann in die Suppe geben, umrühren und servieren.

Eintopf vegetarisch

Portionen: 2

Nährwerte je Portion:

Kcal: 420, Eiweiß: 21 g, Fett: 26 g, Kohlenhydrate: 21 g, Ballaststoffe: 9 g, BE: 2

Zutaten

1 kleiner Weißkohl (Gewicht: 300 g)

2 kleine Rote Bete (Gesamtgewicht: 200 g)

2 Möhren

2 Lorbeerblätter

1 rote Zwiebel

800 ml Gemüsebrühe

200 g Räuchertofu

100 g Joghurt

5 Stiele Schnittlauch

2 EL Olivenöl

2 EL Rotweinessig

1 TL Kümmel

½ TL gemahlener Koriander

Salz

Pfeffer

<u>Zubereitung</u>

1. Zwiebel abziehen, würfeln. Karotten gründlich putzen, evtl. schälen, in schräge Scheiben schneiden.

2. Vom Weißkohl die äußeren Blätter und den Strunk entfernen und entsorgen, die Weißkohlblätter gründlich waschen, dann stückeln.

3. Rote Bete schälen, in Stifte schneiden. (Bei der Arbeit mit Roter Bete sind Einweghandschuhe sinnvoll, denn dieses Gemüse färbt stark ab)

4. Olivenöl in einen großen Topf geben, erhitzen, Zwiebel zufügen, dünsten.

5. Rote Bete, Kohl und Karotten zugeben, das Ganze mischen, bei niedriger Hitze 4 - 5 Minuten dünsten.

6. Kümmel, Lorbeerblätter zufügen, andünsten.

7. Ablöschen mit Gemüsebrühe, würzen mit Salz, Pfeffer, Koriander.

8. Deckel auf den Topf mit Deckel geben, den Eintopf bei mittlerer Hitze 15 Minuten garen.

9. Tofu abtropfen lassen, trocken tupfen, in Würfel schneiden.

10. Tofuwürfel zum Eintopf geben, untermischen, 5 Minuten garen.

11. Würzen mit Salz, Pfeffer, mit Essig pikant abschmecken.

12. Schnittlauch abbrausen, in Röllchen schneiden, 1 EL Schnittlauch beiseitestellen.

13. Joghurt in eine kleine Schüssel geben, Schnittlauch zufügen, vermischen.

14. Eintopf mit Joghurt anrichten, mit Schnittlauch garnieren.

Eintopf á la Neu-Delhi

Portionen: 2

Zutaten

4 Kartoffeln

¼ Blumenkohl

1 sehr kleines Stück Ingwer (etwa daumennagelgroß)

2 Zwiebeln

1 kleine Chilischote

2 Tomaten

85 ml Olivenöl

½ EL gemahlener Kreuzkümmel

½ TL Kurkuma

½ TL Meersalz

½ TL Garam Masala (Gewürzmischung)

Arthrose Ernährung

Zubereitung

1. Knoblauch, Zwiebeln abziehen, fein würfeln. Ingwer putzen, schälen, fein würfeln.

2. Chilischote waschen, halbieren, entkernen, in feine Würfel schneiden.

3. Tomaten mit heißem Wasser überbrühen, die Haut abziehen, den Stielansatz entfernen, die Tomaten stückeln.

4. Kartoffeln waschen, schälen, vierteln.

5. Blumenkohl in Röschen teilen, waschen, abtropfen lassen.

6. In einen Schmortopf Olivenöl geben, erhitzen. Kümmel zufügen, anbraten, Zwiebeln zufügen, anbraten.

7. Ingwer, Tomaten, Knoblauch, Chilischoten zufügen, mischen. Würzen mit Salz und Kurkuma.

8. Das Ganze so lange braten, bis sich das Öl von den Lebensmitteln trennt.

9. Blumenkohl und Kartoffeln zufügen, umrühren, bei niedriger Hitze 20 Minuten garen, dabei immer wieder umrühren.

10. Evtl. nachwürzen, mit Garam Masala pikant abschmecken.

Ratatouille

Portionen: 4

Nährwerte je Portion:

Kcal: 230, Eiweiß: 9 g, Fett: 8 g, Kohlenhydrate: 24 g, Ballaststoffe: 9 g

Zutaten

4 Knoblauchzehen

2 Zucchini

2 gelbe Paprika

2 rote Paprika

1 Aubergine

1 Gemüsezwiebel

1 Dose geschälte Tomaten (Abtropfgewicht: 400 g)

½ Tube Tomatenmark

3 TL getrocknete Kräuter der Provence

2 EL Olivenöl

Zucker

Salz

schwarzer Pfeffer

Zubereitung

1. Aubergine putzen, in Stücke scheiden, in eine Schüssel geben, mit Salz bestreuen, 10 Minuten beiseitestellen. Die Stücke dann auf Küchenkrepp legen und trocken tupfen.

2. Zwiebel, abziehen, grob würfeln. Knoblauch abziehen, fein würfeln.

3. Zucchini waschen, Enden abschneiden, würfeln.

4. Paprika waschen, entkernen, Fruchthäute entfernen, stückeln.

5. Olivenöl in einen großen Topf geben, erhitzen. Knoblauch, Zwiebel und Zucchini zufügen, anbraten.

6. Paprika zufügen, kurz mit braten.

7. Aubergine zugeben, 5 Minuten anbraten.

8. Tomatenmark zufügen, verrühren.

9. Würzen mit Salz, Pfeffer.

10. Mit den Dosentomaten ablöschen, Kräuter zufügen, untermischen. Zucker zufügen, unterrühren.

11. Das Ganze bei geringer Hitze 20 Minuten köcheln lassen, wenn notwendig, noch etwas Wasser zufügen.

Risotto ohne Reis

Portionen: 4

Nährwerte je Portion:

Kcal: 180, Eiweiß: 6 g, Fett: 2 g, Kohlenhydrate: 36 g

Zutaten

200 g Hartweizen

1 Tetrapack passierte Tomaten (Gewicht: 200 g)

200 ml Gemüsebrühe

1 Knoblauch

1 Zwiebel

1 TL Rapsöl

Salz

Pfeffer

<u>Zubereitung</u>

1. Hartweizen nach Anleitung garen.

2. Knoblauch, Zwiebel abziehen, in feine Würfel schneiden.

3. Rapsöl in eine beschichtete Pfanne geben, erhitzen. Zwiebel, Knoblauch zufügen, anbraten, mit Salz, Pfeffer würzen.

4. Hartweizen zur Zwiebel-Knoblauch-Mischung geben, braten.

5. Mit der Gemüsebrühe und den passierten Tomaten ablöschen, das Risotto nochmals 5 Minuten köcheln lassen.

6. Topf mit Deckel versehen, den Topf vom Herd nehmen und das Risotto 15 Minuten ruhen lassen.

Gemüsenudeln

Portionen: 2

Nährwerte je Portion:

Kcal:252, Eiweiß: 12 g, Fett: 14 g, Kohlenhydrate: 16 g, Ballaststoffe: 13 g

<u>Zutaten</u>

Arthrose Ernährung

1 kleiner Butternutkürbis (Gewicht: ca. 300 g)

2 St. Mangold

1 Knoblauchzehe

1 Zwiebel

1 Limette

150 ml Kochsahne

2 TL Rapsöl

1 TL Puderzucker

Salz

gemahlene Muskatnuss

Pfeffer

<u>Zubereitung</u>

1. Limette waschen, auspressen, Saft auffangen.
2. Mangold trennen in Blätter und Stiele, alles waschen, abtropfen lassen.
3. Die Mangoldstiele stückeln (ca. 3 cm lange Stücke).
4. 1 TL Rapsöl in eine beschichtete Pfanne geben, Mangoldstielstücke zufügen, anbraten, dabei immer umrühren.
5. Puderzucker über die Mangoldstiele stäuben, Hitze reduzieren, den Puderzucker karamellisieren lassen. Würzen mit Pfeffer, abschmecken mit Limettensaft. Deckel auf den Topf geben,

Herd ausschalten, Topf auf der Herdplatte lassen und das Ganze 10 Minuten ruhen lassen.

6. Einen Topf mit Salzwasser zum Kochen bringen, Mangoldblätter zufügen, blanchieren. Sobald die Blätter zusammengefallen sind, in ein Sieb schütten, ausdrücken und hacken.

7. Knoblauch, Zwiebel abziehen, würfeln.

8. In eine beschichtete Pfanne 1 TL Rapsöl geben, erhitzen. Knoblauch, Zwiebel zufügen, anschwitzen.

9. Mangold zugeben, mit Kochsahne ablöschen, aufkochen lassen, würzen mit Salz, Pfeffer und Muskat.

10. Kürbis schälen, mit einem Spiralschneider den Kürbis zu Nudeln verarbeiten.

11. Einen Topf mit Salzwasser zum Kochen bringen, Kürbisnudeln zufügen, etwa 3 Minuten kochen lassen, bis die Nudeln al dente sind.

12. Nudeln abgießen, mit Mangoldstielen und der Sahnesoße anrichten.

Pasta mit Käsesoße

Portionen: 4

Nährwerte je Portion:

Kcal:510, Eiweiß: 19 g, Fett: 20 g, Kohlenhydrate: 62 g

<u>Zutaten</u>

300 g italienische Bandnudeln (Vollkornprodukt)

Arthrose Ernährung

400 g Staudensellerie (das Grün abbrausen, beiseitestellen)

100 g Gorgonzola

2 Birnen

2 EL Olivenöl

50 g Ricotta

125 ml fettarme Milch

2 EL Pinienkerne

Salz

Pfeffer

Zubereitung

1. Die Bandnudeln laut Packungsanleitung zubereiten.
2. Sellerie putzen, das Grün abbrausen, beiseitestellen, die Selleriestangen in schräge Scheiben schneiden.
3. In einem Topf Öl erhitzen, Sellerie zugeben, dünsten.
4. Milch in einen Topf gießen, Ricotta zufügen.
5. Gorgonzola klein schneiden, zur Milch geben.
6. Den Topf auf den Herd stellen, unter Rühren erhitzen; wenn der Käse geschmolzen ist. Salz, Pfeffer zufügen, mischen. Topf vom Herd nehmen.
7. Eine beschichtete Pfanne ohne Fett erhitzen, Pinienkerne zugeben, rösten.

8. Birnen waschen, der Länge nach halbieren, Kerngehäuse entfernen, die Birnen in kleine Spalten schneiden.

9. Die gegarten Nudeln abgießen, abtropfen lassen, auf Tellern mit Birnenspalten und Käsesoße anrichten.

10. Pinienkerne über die Pasta streuen, mit dem Grün des Selleries garnieren.

Spaghetti und Gemüse

Portionen: 4

Nährwerte je Portion:

Kcal: 480, Eiweiß: 16 g, Fett: 8 g, Kohlenhydrate: 69 g, Ballaststoffe: 15 g

<u>Zutaten</u>

4 Möhren

2 Tetrapack passierte Tomaten (Gesamtgewicht: 500 g)

400 g Vollkornspaghetti

2 Zucchini

2 EL Olivenöl

2 Knoblauchzehen

2 TL Kräuter der Provence

Salz

Pfeffer

2 Stiele Petersilie

2 Stiele Basilikum

Zubereitung

1. Spaghetti nach Packungsanleitung garen.

2. Möhren putzen, evtl. schälen. Zucchini putzen, aus Möhren und Zucchini mit dem Spiralschneider Bandnudeln herstellen.

3. Kurz vor Ende der Garzeit der Vollkornspaghetti die Gemüsenudeln zu den Spaghetti geben, das Ganze 3 Minuten garen.

4. Die Nudeln in ein Sieb schütten, abtropfen lassen.

5. Knoblauch abziehen, fein hacken.

6. Olivenöl in einen Topf geben, erhitzen, Knoblauch zufügen, andünsten.

7. Ablöschen mit den passierten Tomaten. Kräuter der Provence zufügen, unterrühren, bei niedriger Hitze 7 Minuten garen.

8. Würzen mit Salz, Pfeffer.

9. Petersilie, Basilikum abbrausen, Blättchen abzupfen, hacken, zur Tomatenmischung geben.

10. Spaghetti in eine Schüssel geben, die Hälfte der Tomatenmischung zufügen, mischen.

11. Anrichten auf tiefen Tellern, die restliche Tomatenmischung auf die Nudeln geben, mit Kräutern bestreuen.

Nudeln mit gebratenen Tomaten

Portionen: 1

Zutaten

200 g Vollkornspiralnudeln

12 Kirschtomaten

4 EL Olivenöl

italienische Gewürzmischung

gemahlener Knoblauch

Pfeffer

Zubereitung

1. Nudeln nach Packungsanleitung zubereiten.
2. Tomaten waschen, halbieren.
3. Olivenöl in eine beschichtete Pfanne geben, Tomaten zufügen, anbraten.
4. Würzen mit Salz, Pfeffer, Knoblauch und der italienischen Gewürzmischung.
5. Nudeln mit den angebratenen Tomaten auf einem Teller anrichten.

Tomaten vom Grill

Portionen: 2

Nährwerte je Portion:

Arthrose Ernährung

Kcal: 500, Eiweiß: 19 g, Fett: 43 g, Kohlenhydrate: 8 g

<u>Zutaten</u>

4 Fleischtomaten

200 g Feta

2 EL Olivenöl

1 Stiel Thymian

1 Zweig Rosmarin

grobes Salz

Pfeffer

<u>Zubereitung</u>

1. Grill vorheizen.
2. Tomaten waschen, den Deckel abschneiden, Tomaten aushöhlen.
3. Die ausgehöhlten Tomaten mit der Öffnung nach unten auf Küchenkrepp legen.
4. Kräuter abbrausen, vom Thymian die Blättchen, vom Rosmarin die Nadeln abzupfen, beides hacken.
5. Feta kurz abtropfen lassen, zerbröseln, in eine Schüssel geben. Kräuter und Öl zufügen, mischen, mit Salz, Pfeffer würzen.
6. Die Fetamischung in die Tomaten füllen, den Deckel auf die Tomaten setzen.

7. 4 Stück Alufolie zuschneiden, die Folie leicht mit Öl einfetten.

8. Jede Tomate in Alufolie einwickeln.

9. Auf dem Grill 10 Minuten grillen.

Frikadellen mit Kartoffelsalat

Portionen: 4

Nährwerte je Portion:

Kcal:435, Eiweiß: 26 g, Fett: 16 g, Kohlenhydrate: 44 g

Zutaten

350 g mageres Rinderhackfleisch

50 g Knollensellerie

1 Zwiebel

1 Scheibe Toastbrot

1 Karotte

1 Ei

4 Zweige Thymian

½ Bund Petersilie

2 EL Olivenöl

1 EL mittelscharfer Senf

Salz

Pfeffer

Salat

1 kg vorwiegend festkochende Kartoffeln

1 Bund Radieschen

½ Bund Frühlingszwiebeln

4 EL Kräuteressig

2 EL fettarme Salatcreme

1 EL Olivenöl

Salz

Pfeffer

Kresse

150 ml hefefreie Gemüsebrühe

Zubereitung

1. Kartoffeln als Pellkartoffeln zubereiten, pellen, in Scheiben schneiden, in eine Schüssel geben.

2. Gemüsebrühe in einen Topf gießen, erhitzen.

3. Frühlingszwiebeln abziehen, Zwiebelgrün waschen, beides in Ringe schneiden.

4. In eine beschichtete Pfanne 1 EL Öl geben, erhitzen. Das Weiße der Frühlingszwiebeln zufügen, dünsten. Ablöschen mit der heißen Gemüsebrühe.

5. Würzen mit Essig, Salatcreme, Salz, Pfeffer.

6. Das Ganze zu den Kartoffeln geben, mischen.

7. Radieschen putzen, in Scheiben schneiden, zu den Kartoffeln geben, mischen.

8. Kresse abbrausen, mit dem Zwiebelgrün zu den Kartoffeln geben.

9. Den Kartoffelsalat in den Kühlschrank stellen, einige Zeit ruhen lassen.

10. In eine kleine Schüssel warmes Wasser geben, Toastbrot zufügen, einweichen.

11. Zwiebel abziehen, hacken. Kräuter abbrausen, ebenfalls fein hacken.

12. Sellerie putzen, Karotte schälen, beides fein raspeln.

13. Hackfleisch in eine Schüssel geben, Ei und das ausgedrückte Toastbrot zufügen, miteinander verkneten.

14. Würzen mit Senf, Salz, Pfeffer.

15. Aus dem Fleischteig 12 Kugeln formen, diese mit den Händen flach drücken.

16. 2 EL Öl in eine beschichtete Pfanne geben, erhitzen, die Frikadellen von beiden Seiten braten.

Hähnchenbrust mit buntem Gemüse

Portionen: 4

Nährwerte je Portion:

Arthrose Ernährung

Kcal: 490, Eiweiß: 35 g, Fett: 16 g, Kohlenhydrate: 49 g, Ballaststoffe: 9 g

Zutaten

4 Hähnchenbrustfilets (Gesamtgewicht: 500 g)

4 Knoblauchzehen

2 EL Sojasoße

2 EL Olivenöl zum Braten

2 EL Senf

2 EL Honig

Salz

Pfeffer

Für das Gemüse

4 Pastinaken

4 Möhren

2 Knoblauchzehen

1 Knolle Rote Bete

1 Zwiebel

1 Süßkartoffel

1 Orange

2 EL Olivenöl zum Braten

2 EL Honig

1 EL getrockneter Thymian

Salz

Pfeffer

Zubereitung

1. *Für die Marinade*: Sojasoße und Öl in eine Schüssel geben, Senf, Honig, Salz, Pfeffer zufügen, vermischen.

2. Knoblauch abziehen, hacken, zur Sojasoßenmischung geben, vermischen.

3. Hähnchenbrustfilets abspülen, trocken tupfen, in die Mischung legen, Schüssel abdecken, über Nacht ruhen lassen.

4. Backofen auf Umluft 200 °C vorheizen, eine feuerfeste Form einfetten.

5. Rote Bete waschen, schälen, stückeln. Wasser in einen Topf gießen, zum Kochen bringen, Rote Bete hineingeben, blanchieren, abgießen, kalt abschrecken, abtropfen lassen.

6. Möhren waschen, stückeln; Pastinaken putzen, in Würfel schneiden. Süßkartoffel gründlich abbürsten, evtl. schälen, in grobe Stücke schneiden.

7. Knoblauch, Zwiebel abziehen, grob hacken, in eine Schüssel geben.

8. Orange auspressen, Saft zur Knoblauchmischung geben, Öl und Honig zufügen, vermischen.

9. Das vorbereitete Gemüse in die Knoblauch-Honig-Mischung geben, durchmischen, dann in der feuerfesten Form verteilen. Mit Salz, Thymian, Pfeffer würzen, die Form in den im Backofen stellen 45 Minuten backen.

10. Eine beschichtete Pfanne ohne Fett erhitzen, die marinierten Hähnchenbrustfilets in die Pfanne geben, von beiden Seiten scharf anbraten, Hitze reduzieren, weitere 5 - 10 Minuten braten.

Puten-Pfannengemüse

Portionen: 2

Nährwerte je Portion:

Kcal: 503, Eiweiß: 35 g, Fett: 24 g, Kohlenhydrate: 28 g, Ballaststoffe: 18 g

Zutaten

200 g geräucherte Putenbrust

2 Möhren

2 gelbe Paprika

2 rote Paprika

2 Stangen Lauch

2 Zucchini

2 TL getrockneter Thymian

4 EL Weißweinessig

2 EL Wasser

2 EL Rapsöl

Salz

schwarzer Pfeffer

<u>Zubereitung</u>

1. Möhren waschen, schälen, in Streifen schneiden.

2. Lauch putzen, die hellgrünen und weißen Teile in Ringe schneiden.

3. Von den Zucchini die Enden abschneiden, die Zucchini in Streifen schneiden.

4. Paprika waschen, entkernen, weiße Fruchthäute entfernen, stückeln.

5. Rapsöl in eine beschichtete Pfanne geben, erhitzen. Thymian zufügen, andünsten.

6. Das Gemüse zufügen, mit dem Thymian vermischen. Wasser zugeben, 5 Minuten dünsten.

7. Mit Essig ablöschen, verrühren, die Pfanne vom Herd nehmen.

8. Das Gemüse mit Salz, Pfeffer würzen.

9. Putenbrust abspülen, trocken tupfen, in schmale Streifen schneiden, zum Gemüse geben, das Ganze gründlich durchmischen.

Kabeljau mit Gemüse

Portionen: 2

Nährwerte je Portion:

Kcal: 479, Eiweiß: 44 g, Fett: 24 g, Kohlenhydrate: 21 g, Ballaststoffe: 7,5 g

Zutaten

300 ml Gemüsebrühe

200 g Zuckerschoten

100 g Magerquark

100 g Naturjoghurt (Fettgehalt: 0,1 %)

4 Kabeljaufilets

2 Karotten

1 Zwiebel

1 Kohlrabi

1 Lauchstange

6 Stiele Dill

4 EL saure Sahne

2 EL Rapsöl

2 EL Zitronensaft

Salz

Pfeffer

Cayennepfeffer

<u>Zubereitung</u>

1. Zwiebel abziehen, in Würfel schneiden.

2. Lauch putzen, in Ringe schneiden.

3. Karotten, Kohlrabi gründlich waschen, schälen, in Streifen schneiden.

4. Zuckerschoten waschen, putzen.

5. Rapsöl in eine große beschichtete Pfanne geben, erhitzen. Zwiebel, Lauch zufügen, andünsten.

6. Kohlrabi, Karotten zugeben, dünsten, mit Salz, Pfeffer würzen.

7. Mit Gemüsebrühe ablöschen, weiter köcheln lassen.

8. Kabeljaufilets abspülen, trocken tupfen, mit Zitronensaft beträufeln, mit Salz, Pfeffer würzen.

9. Die Fischfilets auf das Gemüse legen, Pfanne mit Deckel abdecken, das Ganze 10 Minuten dünsten lassen.

10. Zuckerschoten zugeben, alles nochmals 5 Minuten dünsten.

11. Sahne, in eine Schüssel geben, Quark und Joghurt zufügen, alles gründlich verrühren.

12. Dill abbrausen, Spitzen abzupfen, hacken, zur Quarkmischung geben, unterrühren. Mit Salz, Pfeffer, würzen, pikant abschmecken mit Cayennepfeffer, Zitronensaft.

13. Fisch, Gemüse und die Quarkmischung auf zwei Tellern anrichten.

Pangasius mit Gemüse

Portionen: 4

Nährwerte je Portion:

Kcal: 345, Eiweiß: 21 g, Fett: 25 g, Kohlenhydrate: 10 g

<u>Zutaten</u>

400 g Pangasiusfilets

2 EL Öl

2 EL Mehl

1 EL Zitronensaft

4 Karotten

1 fingernagelgroßes Stück Ingwer

1 Lauchstange

1 Zitrone

200 ml Sahne

50 ml hefefreie Gemüsebrühe

1 EL Öl

1 TL Mehl

1 TL Curry

Salz

Pfeffer

Dill

Zubereitung

1. Fischfilet kurz abspülen, trocken tupfen, mit Zitronensaft beträufeln.

2. Ingwer waschen, schälen, reiben.

3. Karotten waschen, evtl. schälen, in schräge Scheiben schneiden.

4. Lauch putzen, in schräge Scheiben schneiden, die Ringe auseinander zupfen.

5. In einer beschichteten Pfanne Öl erhitzen, Karotten, Ingwer, Lauch zufügen, andünsten.

6. Ablöschen mit Gemüsebrühe. Deckel auf die Pfanne legen, das Ganze 6 Minuten garen.

7. Das Gemüse mit Mehl bestäuben, Sahne zufügen, verrühren. Würzen mit Salz, Pfeffer und Curry, aufkochen lassen, dann warm stellen.

8. Öl in einer weiteren Pfanne erhitzen.

9. Fischfilets in Mehl wenden, in die heiße Pfanne geben, von beiden Seiten goldgelb braten.

10. Das Gemüse nochmals abschmecken, evtl. nachwürzen.

11. Die Fischfilets in der Mitte durchschneiden, mit Zitronenspalten und Dill garnieren, mit dem Gemüse servieren.

Tipp: Dazu passt hervorragend Basmatireis.

8.3 Salate

Salat ist gesund; das ist eine Tatsache. Auf gesunde Ernährung müssen alle Menschen achten, denn, nur wer sich gesund ernährt, bleibt auch gesund. Auch wenn wir in der vorherigen Rubrik Hauptgerichte vorgestellt haben – ohne Salat geht es nicht! Nachfolgend einige der Salatrezepte, die uns besonders gut geschmeckt haben. Probieren Sie es aus! Viele Salate können als Hauptmahlzeit durchaus durchgehen.

Bulgursalat

Portionen: 4

Nährwerte je Portion:

Kcal: 340, Eiweiß: 6 g, Fett: 15 g, Kohlenhydrate: 41 g, Ballaststoffe: 8 g

Zutaten

200 g grober Bulgur

400 ml Gemüsebrühe

2 Fleischtomaten

2 Möhren

1 kleine Salatgurke (Gewicht: ca. 250 g)

1 Zweig Minze

1 Bund Petersilie

Salz

Pfeffer

gemahlene Muskatnuss

Dressing

1 EL heller Balsamico

4 EL Olivenöl

1 Prise Zucker

¼ TL gemahlener Kreuzkümmel

Salz

Pfeffer

Zubereitung

1. Gemüsebrühe zubereiten.
2. Einen großen Topf erhitzen, Bulgur zufügen, kurz rösten.
3. Ablöschen mit Gemüsebrühe, das Ganze bei niedriger Hitze 15 Minuten unter Rühren garen lassen.

4. Gurke waschen, evtl. schälen, würfeln; Tomaten waschen, Stielansatz herausschneiden, würfeln.

5. Möhren waschen, schälen, grob raspeln.

6. Minze und Petersilie abbrausen, Blättchen abzupfen, hacken.

7. *Dressing:* Essig in eine Schüssel geben, Salz, Pfeffer zufügen, mischen.

8. Kreuzkümmel, Zucker zugeben, mischen. Olivenöl zufügen, unterschlagen.

9. Den erkalteten Bulgur in eine Schüssel geben, Gemüse zufügen, mischen.

10. Kräuter zufügen, nochmals kräftig durchmischen.

11. Über den Salat das Dressing gießen, vermischen. Würzen mit Salz, Pfeffer, mit Muskat abschmecken.

Tomatensalat mit Avocado und Rucola

Portionen: 2

Nährwerte je Portion:

Kcal: 296, Eiweiß: 4 g, Fett: 21 g, Kohlenhydrate: 15 g, Ballaststoffe: 8 g

Zutaten

1 reife Avocado

½ Mango

175 g Cocktailtomaten

125 g Rucola

½ EL Zitronensaft

Dressing

1 EL Olivenöl

1 EL Orangensaft

1 EL Zitronensaft

½ EL Senf

Pfeffer

<u>Zubereitung</u>

1. Avocado halbieren, entsteinen, Fruchtfleisch herauslösen, Fruchtfleisch in Würfel schneiden.

2. Mango halbieren, eine Hälfte der Frucht schälen, Fruchtfleisch würfeln.

3. Zitronensaft über die Avocado- und Mangowürfel träufeln.

4. Tomaten waschen, halbieren.

5. Rucola waschen, verlesen, grobe Stiele entfernen.

6. Mango, Avocado mit den Tomaten und Rucola in eine Schüssel geben, vorsichtig vermischen.

7. *Dressing*: Zitronen- und Orangensaft in eine Schüssel geben, Senf zufügen, verrühren.

8. Würzen mit Salz, Pfeffer; Olivenöl zugeben, unterschlagen.

9. Das Dressing über den Salat gießen, das Ganze vorsichtig vermischen.

Salat mediterran

Portionen: 2

Nährwerte je Portion:

Kcal: 224, Eiweiß: 10 g, Fett: 16 g, Kohlenhydrate: 9 g

Zutaten

325 g Brokkoli

75 g Cocktailtomaten

50 g Feta aus Schafsmilch

4 in Öl eingelegte, getrocknete Tomaten

1 ½ Frühlingszwiebeln

½ Knoblauchzehe

¼ Bund Petersilie

2 EL Olivenöl

1 EL Balsamico

Salz

Pfeffer

Zubereitung

1. Brokkoli in Röschen teilen, putzen, abtropfen lassen.

2. Salzwasser in einem Topf zum Kochen bringen. Brokkoli hineingeben, 5 Minuten dünsten, abschütten und abkühlen lassen.

3. Zwiebeln abziehen, in Ringe schneiden.

4. Tomaten waschen, halbieren.

5. Brokkoli mit Zwiebeln und Tomaten in eine Schüssel geben.

6. *Dressing*: Balsamico in eine weitere Schüssel geben, würzen mit Salz, Pfeffer. Öl zufügen, unterrühren.

7. Petersilie abbrausen, Blättchen abzupfen, hacken, zum Dressing geben, mischen.

8. Dressing über das Gemüse geben, durchmischen.

9. Feta würfeln, zum Salat geben, mischen.

Schneller Eiersalat

Portionen: 2

Nährwerte je Portion:

Kcal: 330, Eiweiß: 18,9 g, Fett: 15,9 g, Kohlenhydrate: 24,01 g, Ballaststoffe: 3 g

Zutaten

4 Eier, Größe M

1 säuerlicher Apfel

Arthrose Ernährung

2 Gewürzgurken

1 kleine rote Zwiebel

3 EL Joghurt (Fettgehalt: 1,5 %)

2 EL Mayonnaise (Fettgehalt: 4,8 %)

1 EL Sonnenblumenkerne

1 EL Weißweinessig

1 TL Curry

Salz

Pfeffer

Cayennepfeffer

2 Stiele Petersilie

Zubereitung

1. Eier hart kochen, abschrecken, abkühlen lassen.
2. *Dressing*: Joghurt und Mayonnaise in eine Schüssel geben, verrühren.
3. Essig zufügen, unterrühren. Mit Salz, Pfeffer, Curry würzen, pikant abschmecken mit Cayennepfeffer.
4. Apfel waschen, schälen, Kerngehäuse entfernen, Apfel in kleine Würfel schneiden.
5. Petersilie abbrausen, hacken.

6. Zwiebel abziehen, in Ringe schneiden, Gewürzgurken würfeln.

7. Eier pellen, klein schneiden.

8. Alles, außer die Sonnenblumenkerne in eine Schüssel geben, mischen.

9. Dressing über das Ganze gießen, vermischen.

10. Über den Eiersalat Sonnenblumenkerne streuen.

Feld-Tomatensalat

Portionen: 4

Nährwerte je Portion:

Kcal: 275, Eiweiß:6 g, Fett:17,9 g, Kohlenhydrate: 16,1 g, Ballaststoffe: 4,9 g

Zutaten

200 g Feldsalat

600 g Cocktailtomaten

20 g gehobelte Haselnüsse

2 Äpfel

2 Zwiebeln

4 EL Rapsöl

4 EL Weißweinessig

Arthrose Ernährung

4 Ziegenfrischkäsetaler (Gewicht je Taler: 40 g)

2 TL mittelscharfer Senf

2 TL Reissirup

Salz

Pfeffer

<u>Zubereitung</u>

1. Den Grill vom Backofen vorheizen, 1 Backblech mit Backpapier auslegen.
2. Feldsalat verlesen, größere Wurzelansätze entfernen. Salat waschen, trocken schleudern.
3. Tomaten waschen, halbieren.
4. Äpfel waschen, Kerngehäuse entfernen, Äpfel in Scheiben schneiden.
5. Eine beschichtete Pfanne erhitzen, Haselnüsse zugeben, rösten, beiseitestellen.
6. *Dressing*: Zwiebel abziehen, fein würfeln, in eine Schüssel geben.
7. Essig, Reissirup, Senf zufügen, mischen. Würzen mit Salz, Pfeffer. Rapsöl zugeben, unterschlagen.
8. Die Käsetaler auf das Backblech legen, im Backofen 4 Minuten gratinieren lassen.

9. Feldsalat, Äpfel, Tomaten zum Dressing geben, alles gut vermischen.

10. Käsetaler mit dem gemischten Salat anrichten.

Nizza-Salat

Portionen: 4

Nährwerte je Portion:

Kcal: 290, BE: 0, KE: 0

<u>Zutaten</u>

2 Dosen Thunfisch im eigenen Saft (Abtropfgewicht je Dose: 150 g)

300 g grüne Bohnen

2 Kopfsalate

2 rote Zwiebeln

4 Tomaten

4 Eier

40 g entsteinte schwarze Oliven (nicht in Öl eingelegt)

4 EL Weißweinessig

2 EL Olivenöl

2 TL mittelscharfer Senf

Salz

Pfeffer

<u>Zubereitung</u>

1. Eier hart kochen, abschrecken, beiseitestellen.

2. Bohnen putzen, halbieren, abtropfen lassen.

3. Salzwasser in einem Topf zum Kochen bringen, Bohnen zugeben, 8 Minuten köcheln lassen, abgießen, Wasser auffangen.

4. Salate in grobe Stücke zupfen. Tomaten waschen, evtl. Stielansatz entfernen, vierteln. Eier pellen, vierteln.

5. Zwiebel abziehen, in Ringe schneiden. Thunfisch in ein Sieb geben, zerpflücken.

6. Essig in eine Schüssel geben, Senf zugeben, mischen, mit etwas Bohnenwasser auffüllen. Würzen mit Salz, Pfeffer, Olivenöl unterrühren.

7. Salatblätter in einer Schüssel verteilen, die Hälfte vom Dressing darüber gießen, mischen. Salatblätter auf vier Teller verteilen.

8. Auf den Salatblättern Eier, Bohnen Tomaten, Zwiebel, Thunfisch und Oliven anrichten, das restliche Dressing über den Salat träufeln.

Orientalischer Salat

Portionen: 3

<u>Zutaten</u>

4 kleine runde Ziegenkäse

1 kleiner roter Paprika

1 kleiner gelber Paprika

1 kleiner grüner Paprika

1 Möhre

1 rote Chilischote

1 Limette

1 Frühlingszwiebel

1 Knoblauchzehe

1 Tomate

1 Bund Petersilie

1 Bund Koriandergrün

1 Bund Minze

1 Bund Dill

½ Avocado

½ Salatgurke

8 Cherrytomaten

3 EL Olivenöl

2 EL Kürbiskernöl

2 TL Ahornsirup

Salz

Pfeffer

Zubereitung

1. Backofen auf Umluft 180 °C vorheizen, Auflaufform mit Backpapier auslegen.

2. Die Paprika waschen, entkernen, weiße Fruchthäute entfernen, grob würfeln.

3. Die Möhre waschen, evtl. schälen, würfeln.

4. Salatgurke und Tomate waschen, beides würfeln.

5. Knoblauch abziehen, fein hacken; Chilischote waschen, halbieren, entkernen, fein hacken.

6. Frühlingszwiebel abziehen, in Scheiben schneiden.

7. Kräuter abbrausen, Blättchen abzupfen, hacken.

8. Das Gemüse mit den Kräutern in eine Schüssel geben, mischen. Knoblauch, Zwiebel und Chili zufügen, mischen.

9. Limette waschen, auspressen, Saft auffangen, die Schale abreiben.

10. *Dressing:* Öl und Limettensaft mit der Limettenschale in eine kleine Schüssel geben, mischen. Würzen mit Salz, Pfeffer.

11. Das Dressing über den Salat gießen, gründlich mischen.

12. Avocado halbieren, entsteinen, Fruchtfleisch herauslösen, würfeln, die Avocadowürfel zum Salat geben, unterheben.

13. Den Käse in der Auflaufform verteilen, die Käsetaler mit Ahornsirup und Kürbiskernöl bestreichen, die Form in den Backofen stellen, backen, bis der Käse anfängt, zu verlaufen.

14. Den Salat auf Tellern anrichten, Ziegenkäsetaler in die Mitte legen, mit Cherrytomaten, einigen Minze- und Korianderblättern garnieren.

15. An den Tellerrand einige Tropfen Ahornsirup und Kürbiskernöl verteilen.

Gurkensalat mit Chili

Portionen: 4

Nährwerte je Portion:

Kcal:70, Eiweiß: 1 g, Fett: 5 g, Kohlenhydrate: 5 g

Zutaten

1 Salatgurke

1 rote Chilischote

4 Stiele Koriander

1 daumennagelgroßes Stück Ingwer

2 EL Olivenöl

2 EL heller Balsamico

1 TL Zitronensaft

1 TL Honig

Salz

weißer Pfeffer

Zubereitung

1. Gurke waschen, der Länge nach halbieren, in Scheiben hobeln, in eine Schüssel geben.
2. Chilischote waschen, halbieren, entkernen, würfeln.
3. Koriander abbrausen, hacken.
4. Ingwer abwaschen, schälen, würfeln.
5. Eine Pfanne mit Öl erhitzen, Ingwer zufügen, andünsten.
6. Honig zufügen, verrühren. Pfanne vom Herd nehmen, das Ganze abkühlen lassen.
7. Zitronensaft und Essig zum Ingwer geben, einrühren, würzen mit Salz, Pfeffer.
8. Die Ingwer-Honig-Mischung zu den Gurkenscheiben geben, mischen.
9. Chili und Koriander zufügen, durchmischen.

8.4 Kleine Mahlzeiten – Zwischenmahlzeiten

In dieser Rubrik stellen wir Ihnen unsere Rezeptideen vor, die den kleinen Hunger stillen. Die Gerichte sind schnell zubereitet und schmecken ausgezeichnet.

Avocado-Dessert

Portionen: 4

Nährwerte je Portion:

Kcal: 170, Eiweiß: 9 g, Fett: 9 g, Kohlenhydrate: 13 g, Ballaststoffe: 9 g

Zutaten

2 Avocados

2 Orangen

4 EL Kakaopulver (entfettet)

2 Vanilleschoten

2 EL Mandelblättchen

2 EL Vollrohrzucker

Salz

Zubereitung

1. Orangen schälen, dabei die weiße Haut entfernen, die Orangen in Filets teilen, den austretenden Saft auffangen.
2. Avocado halbieren, entsteinen, Fruchtfleisch herauslösen, grob würfeln.
3. Vanilleschote aufschneiden, Mark herauskratzen.
4. Avocadowürfel, Kakao, Vanille, Zucker und eine kleine Prise Salz in eine hohe Rührschüssel geben, mit dem Stabmixer zu Püree verarbeiten.
5. Das Püree in Schalen füllen, Orangenfilets darüber verteilen, das Dessert für 2 Stunden in den Kühlschrank stellen.

6. Eine beschichtete Pfanne erhitzen, Mandelblättchen hineingeben, rösten, beiseitestellen und abkühlen lassen, dann über dem Dessert verteilen.

Kokos-Schoko-Pudding

Portionen: 4

Nährwerte je Portion:

Kcal: 120, Eiweiß: 8 g, Fett: 5 g, Kohlenhydrate: 10 g

Zutaten

200 ml Kokosmilch

300 g Seidentofu

20 g Zucker

50 g Kakaopulver (teilweise entölt)

2 TL Instant-Kaffeepulver

½ TL Vanillezucker

Zubereitung

1. Kokosmilch in eine hohe Rührschüssel gießen, Seidentofu zufügen, das Ganze gut vermischen und mit dem Stabmixer pürieren.

2. Die restlichen Zutaten zur Kokosmilchmischung geben, alles gut vermischen.

3. Den Pudding in Schälchen füllen, 1 Stunde in den Kühlschrank stellen, dann genießen.

Kaltschale mit Gurken

Portionen: 4

Zutaten

2 große Salatgurken (Gesamtgewicht: 1 kg)

1 großer Becher Vollmilchjoghurt (Gewicht: 300 g)

1 Knoblauchzehe

1 rote Zwiebel

1 Bund Kresse

1 Bund Dill

750 ml Buttermilch

150 g Crème fraîche

1 EL Zitronensaft

Zucker

Salz

Pfeffer

Zubereitung

1. Gurken schälen, halbieren, entkernen, stückeln, in eine hohe Schüssel geben.

2. Die Gurken mit dem Pürierstab zu Püree verarbeiten.

3. Knoblauch, Zwiebel zufügen, mischen.

4. Joghurt, Buttermilch, Crème fraîche, Salz, Pfeffer, Zitronensaft, Zucker zufügen, das Ganze gut verrühren.

5. Dill und Kresse abbrausen, hacken, zur Kaltschale geben, verrühren.

6. Die Kaltschale in den Kühlschrank stellen, 1 Stunden ruhen lassen.

Senf-Eier als Abendmahlzeit

Portionen: 4

Zutaten

8 Eier

250 ml Milch

250 ml Gemüsebrühe

200 ml Wasser

600 g TK-Buttergemüse

30 g Mehl

30 g Margarine

3 EL Senf

½ Bund Petersilie

Salz

weißer Pfeffer

geriebene Muskatnuss

Zubereitung

1. Einen Topf mit 200 ml Wasser zum Kochen bringen, das Gemüse zufügen, 8 Minuten köcheln lassen.

2. Eier hart kochen, abschrecken.

3. In einen Topf die Margarine geben, erhitzen, schmelzen lassen.

4. Mehl zufügen, anschwitzen.

5. Ablöschen mit Milch und Gemüsebrühe. Aufkochen, dann weitere 5 Minuten köcheln lassen.

6. Würzen mit Salz, Pfeffer, Senf, Muskat.

7. Eier pellen, in die Senfsoße geben, warmhalten.

8. Petersilie abbrausen, trocken schütteln, hacken, über die Senfsoße streuen.

Leichter Salat

Portionen: 4

Nährwerte je Portion:

Kcal:260, Eiweiß: 29 g, Fett:10 g, Kohlenhydrate: 11 g

Zutaten

300 g Putenbrustfilet

Arthrose Ernährung

150 g Gewürzgurken

4 Eier

2 Äpfel

2 Staudenselleriestangen

1 Bund Schnittlauch

200 g Magermilchjoghurt

1.000 ml Wasser

1 EL Öl

2 EL Weißweinessig

1 TL Meerrettich aus dem Glas

Salz

Pfeffer

Zitronensaft

Zubereitung

1. Putenbrustfilet abspülen, trocken tupfen, mit Salz, Pfeffer würzen.

2. Öl in einer beschichteten Pfanne erhitzen, Filet zufügen, von beiden Seiten scharf anbraten. Hitze reduzieren, das Filet garen lassen.

3. Sellerie waschen, in Scheiben schneiden.

4. Äpfel waschen, schälen, würfeln. Zitronensaft über die Würfel träufeln.

5. Gurken würfeln.

6. Joghurt und Meerrettich in eine Schüssel geben, verrühren.

7. Äpfel und Gurken zufügen, mischen.

8. Das gegarte Filet stückeln.

9. Schnittlauch abbrausen, trocken schütteln, hacken.

10. Schnittlauch und die Hälfte der Fleischstücke zum Salat geben, mischen.

11. Würzen mit Salz, Pfeffer und Zitronensaft.

12. Den Salat auf vier Teller verteilen.

13. Das Wasser in einen Topf gießen, Essig zufügen, zum Kochen bringen, Hitze reduzieren.

14. Die Eier vorsichtig aufschlagen, das Innere der Eier gemächlich und vorsichtig in das heiße Wasser geben.

15. Die verlorenen Eier 3 Minuten garen.

16. Die Eier mit einem Schaumlöffel aus der Wasser-Essig-Mischung holen, abtropfen lassen.

17. Auf jeden Salatteller ein Ei geben, mit Selleriegrün und Schnittlauch bestreuen.

Pizza aus Blumenkohl

Portionen: 1 Pizza

Nährwerte je Portion:

Kcal: 480, Eiweiß: 51 g, Fett: 23 g, Kohlenhydrate: 12 g, Ballaststoffe: 9 g

Zutaten

1 kleiner Blumenkohl (Gewicht: 220 g)

180 g fettarmer Käse (Fettanteil: 30 %)

1 Ei

1 Knoblauchzehe

1 TL italienische Kräuter

1 Tetrapack passierte Tomaten

Belag nach Wunsch (Schinken, Gemüse o. a.)

150 g geriebenen Käse

einen guten ½ TL Salz

Zubereitung

1. Backofen auf 180 °C vorheizen, 1 Backblech mit Backpapier auslegen.

2. Blumenkohl waschen, grob stückeln, im Mixer zu Grieß zerkleinern, die Körner in ein mikrowellengeeignetes Gefäß

geben, in die Mikrowelle stellen, bei 600 Watt 8 Minuten vorgaren.

3. Knoblauch abziehen, hacken; Käse raspeln.

4. Blumenkohl, Knoblauch, Ei, Käse, italienische Kräuter und Salz in eine Schüssel geben, vermischen.

5. Die Masse auf dem Backblech verteilen, in den Ofen schieben, 15 Minuten backen.

6. Auf dem Pizzaboden die passierten Tomaten verstreichen, nach Wunsch belegen, darüber den geriebenen Käse verteilen.

7. Die Pizza nochmals in den Ofen schieben, 10 Minuten backen.

Pizza mal anders

Portionen: 2

Zutaten

150 g Mehl

70 ml lauwarmes Wasser

½ Päckchen frische Hefe

1 ½ EL Olivenöl

Salz

Belag nach Wunsch

1 Tetrapack passierte Tomaten

Salz

Arthrose Ernährung

Pfeffer

Paprika

geriebener Käse

<u>Zubereitung</u>

1. Mehl in eine Schüssel sieben, Salz zufügen, mischen.
2. Olivenöl zugeben, das Ganze mit einer Gabel vermischen.
3. In der Mitte vom Teig eine Mulde machen, die Hefe in die Mulde bröckeln, nach und nach das lauwarme Wasser zufügen.
4. Mit der Gabel das Ganze zu einem glatten Teig verarbeiten, die Schüssel zudecken, an einen warmen Ort stellen und 25 Minuten ruhen lassen.
5. Den Teig teilen, jede Hälfte zu einem Fladen drücken.
6. Olivenöl in zwei beschichteten Pfannen verteilen, erhitzen.
7. In jede Pfanne einen Teigfladen geben, Pfanne abdecken, den Fladen bei niedriger Hitze 7 Minuten braten.
8. Noch etwas Öl in die Pfannen geben, die Fladen umdrehen und bräunen lassen.
9. Für den Belag können jetzt die Zutaten vorbereitet werden.
10. Die passierten Tomaten in eine Schüssel geben, würzen mit Salz, Pfeffer, mit Paprika pikant abschmecken.
11. Auf den fertigen Fladen die passierten Tomaten verstreichen, darauf den vorbereiteten Belag verteilen.

12. Über den Belag geriebenen Käse streuen.

13. Wieder Deckel auf die Pfannen legen, weitere 7 Minuten braten lassen.

Fladenbrot mit Inhalt

Zutaten

500 g Kartoffeln

185 g Weizenmehl

185 g Vollkornweizenmehl

110 g zimmerwarme Butter

60 ml Olivenöl

250 ml warmes Wasser

1 grüne Chilischote

½ Zwiebel

1 EL Zitronensaft

½ EL Currypulver

2 TL Salz

Zubereitung

1. Kartoffeln waschen, schälen, stückeln.

2. Wasser in einen Topf gießen, Kartoffelstücke zufügen, garen.

3. Weizenmehl und Weizenvollkornmehl in eine Schüssel geben, 80 g der zimmerwarmen Butter, 1 TL Salz, Öl und 250 ml warmes Wasser zugeben, vermischen. Schüssel abdecken, 30 Minuten ruhen lassen.

4. Zwiebel abziehen, hacken. Chilischote waschen, halbieren, entkernen, hacken.

5. Die restliche Butter in eine beschichtete Pfanne geben, erhitzen.

6. Zwiebel zufügen, anbraten. Zitronensaft, Curry und Chili zugeben, 1 Minute braten.

7. Kartoffeln und 1 TL Salz zufügen, mischen, braten, dann Pfanne vom Herd nehmen, das Ganze abkühlen lassen.

8. Aus dem Teig 16 Fladen ausrollen.

9. Die Hälfte der Fladen mit der Kartoffelmischung bestreichen, die andere Hälfte auf die Fladen legen, die Ränder fest andrücken.

10. In eine beschichtete Pfanne etwas Öl geben, erhitzen.

11. Die Fladenbrote zufügen, beide Seiten goldbraun braten.

Gefüllte Pastete

Portionen: 8

Zutaten

1.000 g Lauch

500 g fertigen Pastetenteig (beispielsweise Fylo)

500 g Schafskäse

250 ml Kondensmilch

6 Eier

4 Stiele frische Petersilie (ergibt gehackt 2 EL)

1 Zwieback (ergibt 1 EL Zwiebackbrösel)

1 EL Butterschmalz

Öl

Salz

Pfeffer

2 EL geschmolzene Butter

Zubereitung

1. Backofen auf 170 °C vorheizen, einen Bräter bereitstellen.
2. Lauch putzen, in Ringe schneiden.
3. Petersilie abbrausen, hacken.
4. Zwieback zerbröseln.
5. Eier in einer Schüssel aufschlagen, leicht verrühren.
6. Schafskäse grob reiben.
7. Wasser in einen Topf gießen, die Lauchringe zufügen, blanchieren, dann abtropfen lassen.

8. Kondensmilch in einen Topf gießen. Lauch zufügen, köcheln lassen, bis das Gemüse die Flüssigkeit aufgenommen hat. Topf vom Herd nehmen, das Ganze etwas abkühlen lassen.

9. Lauch in eine Schüssel geben, Zwieback, Eier, Käse, Petersilie zufügen, mischen.

10. Würzen mit Salz und Pfeffer.

11. In den Bräter sechs Teigblätter legen, jedes Blatt mit Öl und der geschmolzenen Butter bestreichen.

12. Die Gemüsemischung darüber verteilen.

13. Auf die Gemüsemischung weitere sechs Teigblätter legen, das letzte Teigblatt mit Öl bestreichen, Wasser darüber sprühen.

14. Den Bräter in den Backofen stellen, backen, bis die Pasteten goldbraun sind.

Kleiner Käsegenuss

Portionen: 2

Zutaten

2 Scheiben Zwieback

½ Ecke Schmelzkäse

1 Zwiebel

½ rote Chilischote (ergibt gehackt: ½ TL)

1 grüne Chilischote (ergibt gehackt: 1 TL)

6 EL Milch

2 TL geröstete, gesalzene, gehackte Erdnüsse

1 Bund frischer Koriander

1 TL Garam Masala

Zubereitung

1. Zwieback zu Krümel verarbeiten; wir brauchen 4 TL davon.
2. Koriander abbrausen, trocken schütteln, hacken.
3. Chili waschen, halbieren, entkernen, hacken.
4. Vom Schmelzkäse brauchen wir 4 TL.
5. Zwiebel abziehen, hacken.
6. Zwiebackkrümel mit den gehackten Erdnüssen, den Chilischoten in eine Schüssel geben, mischen. Garam Masala zufügen, mischen. Zwiebel und Koriander zugeben, mischen.
7. Milch und Schmelzkäse zufügen, das Ganze zu einem formbaren Teig verarbeiten.
8. Aus dem Teig mit den Händen kleine Bällchen formen.
9. Die Heißluftfritteuse starten, die Bällchen portionsweise zufügen, frittieren.

Dazu passen Fladenbrot und Tomatensoße.

Versteckter Spinat

Portionen: 8

Zutaten

450 g TK-Blattspinat

400 g Feta

130 g Rundkornreis

120 g Vollkornmehl mit Schrot

100 g gelbes Weizenmehl

100 ml Olivenöl

4 mittelgroße Eier

2 Zwiebeln

1 Bund Petersilie

1 Bund Dill

1 Becher Joghurt (Fettgehalt: 3,5 %)

1 Becher gemischtes Öl (Olivenöl, Sonnenblumenöl, Mischungsverhältnis: 3:1)

Salz

Zubereitung

1. Backofen auf 175 °C vorheizen, eine Auflaufform leicht einfetten.

2. Feta abtropfen lassen, würfeln.

3. Petersilie und Dill abbrausen, Blättchen bzw. Spitzen abzup-

fen, hacken.

4. Zwiebeln abziehen, würfeln.

5. Spinat auftauen, abtropfen lassen.

6. Öl in einen großen Topf geben, erhitzen, Zwiebeln zufügen, dünsten.

7. Spinat zugeben, mischen.

8. Hitze reduzieren, Topf mit Deckel versehen, nach 3 Minuten umrühren und den Topf vom Herd nehmen.

9. Reis zufügen, verrühren.

10. Petersilie, Dill, Eier zugeben, mischen.

11. Den Käse zugeben, mischen, würzen mit Salz.

12. Joghurt in eine Schüssel geben, Ölmischung zufügen, mischen. Mit Salz würzen.

13. Die Mehle zufügen, vermischen, dann das Ganze mit den Händen zu einem formbaren Teig verkneten.

14. Den Teig halbieren.

15. Die eine Hälfte vom Teig in die Auflaufform geben, einen Rand ausarbeiten.

16. Die Spinatmischung auf dem Teig verteilen.

17. Den restlichen Teig mit den Händen zu schmalen Fladen verarbeiten, diese auf der Füllung verteilen.

18. Die Form in den Backofen stellen, 45 Minuten backen.

8.5 Backen

Für Arthrosepatienten eignen sich am Besten glutenfreie Backwaren. Diese sind nicht immer im Laden zu bekommen, deshalb haben wir für Sie einige Brotrezepte ausgewählt. Unsere Kuchen- und Gebäckrezepte sind aus glutenfreien Mehlen hergestellt.

Glutenfreies Kartoffelbrot

Portionen: 1 Brot

<u>Zutaten</u>

300 g Kartoffeln

100 g Hanfnussmehl

100 g braunes Hirsemehl

100 g gemahlene Haselnüsse

50 ml Olivenöl

3 EL Flohsamenschalen in Pulverform

1 EL Fibrex

2 EL Sonnenblumenkerne

1 EL Natron

150 ml Wasser

½ TL Salz

½ Zitrone

Zubereitung

1. Wasser in eine Schüssel füllen, Sonnenblumenkerne zufügen, über Nacht ruhen lassen.

2. Backofen auf Umluft 200 °C vorheizen, 1 Kastenform mit Backpapier auslegen.

3. Kartoffeln zu Pellkartoffeln verarbeiten, abgießen, leicht abkühlen lassen, pellen, in eine Schüssel geben, zerdrücken.

4. Die restlichen Zutaten OHNE Natron und Zitrone zufügen, mischen.

5. Zitronenhälfte auspressen, den Saft mit dem Natron zum Teig geben, das Ganze mit den Händen zu einem glatten Teig verarbeiten.

6. Den Teig in die Kastenform füllen, im Backofen 40 Minuten backen.

Pikantes Brot

Portionen: 1 Brot

Zutaten

100 g Haferflocken

100 g Hirsemehl

60 g Sonnenblumenkerne

50 g Kürbiskerne

Arthrose Ernährung

30 g Chiasamen

30 g Leinsamen

25 g gehackte Walnüsse

1 TL Flohsamenschalen in Pulverform

Je ½ TL gemahlener Anis, Kreuzkümmel, Fenchel und Koriander

½ TL Salz

2 EL Olivenöl

200 ml Wasser

Zubereitung

1. Backofen auf 180 °C vorheizen, 1 Backblech mit Backpapier auslegen, einen Tortenring bereitstellen.
2. Alle Zutaten in eine Schüssel geben, das Ganze zu einem geschmeidigen, festen Teig verkneten.
3. Den Tortenring in die Mitte des Backblechs platzieren, den Teig in den Tortenring füllen, Oberfläche glatt streichen.
4. Das Backblech in den Ofen schieben, das Brot 25 Minuten backen.

Frühstücksbrötchen ohne Gluten

Portionen: 8 Brötchen

Zutaten

80 g entöltes Mandelmehl

250 g Buchweizenmehl

4 EL Kokosöl

3 EL Chiagel

1 EL Traubenkernmehl

1 EL ungeschälte Hanfsamen

1 EL Flohsamen

1 TL Weinsteinbackpulver

1 EL Zitronensaft

½ TL Meersalz

1 EL Sesamsamen

Zubereitung

1. 1 EL Chiasamen und 3 EL Wasser in eine Schüssel geben, mischen, quellen lassen.

2. Backofen auf 220 °C vorheizen, 1 Backblech mit Backpapier auslegen.

3. Alle Zutaten OHNE Zitronensaft in eine Schüssel geben, das Ganze mischen und mit einem Rührlöffel zu einem leichten Teig verrühren.

4. Zitronensaft zufügen, sanft in den Teig rühren.

5. Aus dem Teig 8 Brötchen formen, mit Sesamsamen bestreuen, die Brötchen auf dem Backblech verteilen, 5 Minuten ruhen lassen.

6. Das Blech in den Backofen schieben, die Brötchen 15 Minuten backen.

Grundrezept für glutenfreien Hefeteig

Portionen: 1 Backblech

Zutaten

250 g Mehlmischung (glutenfrei)

50 g Hanfmehl

2 EL Tapiokamehl

100 ml Mandelmilch

14 g Trockenhefe (1 Päckchen)

1 EL Xanthan

1 EL Agavensirup

1 TL Salz

Zubereitung

1. Mandelmilch in eine Tasse schütten, Hefe, Agavensirup zufügen, 30 Minuten ruhen lassen.
2. Die Mehle in eine Schüssel geben, Salz, Xanthan und die Hefe-Milch-Mischung zufügen.
3. Das Ganze schnell zu einem glatten Teig verarbeiten.

Daraus lassen sich Pizza, Hefekuchen und andere leckere Gerichte, die als Basis einen Hefeteig brauchen, herstellen.

Obstkuchen mit Streusel

Portionen: 1 Kuchen

Zutaten

Teig

200 g Mehl

150 g Butter

100 g Zucker

2 Eier

1 Päckchen Vanillezucker

2 TL Backpulver

Streusel

150 g Mehl

100 g Butter

75 g Zucker

1 Päckchen Vanillezucker

Belag

Obst nach Wahl

Zubereitung

1. Backofen auf Umluft 160 °C vorheizen, eine Springform leicht einfetten.

2. Mehl mit Backpulver mischen, in eine Schüssel sieben.

3. Butter, Zucker, Vanillezucker und Eier zufügen, das Ganze zu einem Rührteig verarbeiten.

4. Den Teig in die Springform füllen.

5. Das Obst für den Belag vorbereiten, auf dem Kuchenboden verteilen.

6. Mehl und Zucker in eine Schüssel geben, Vanillezucker zufügen, mischen.

7. Die Butter zufügen, das Ganze zu Streuseln verkneten.

8. Die Streusel über den Belag verteilen.

9. Die Form in den Backofen stellen, 60 Minuten backen.

Versteckte Oliven

Portionen: 40 Stück

Zutaten

300 g Oliven, gefüllt mit Paprika

250 g geriebener Emmentaler

150 g Weizenmehl

125 g Butter

Salz

Paprika

Zubereitung

1. Backofen auf 220 °C vorheizen, 1 Backblech mit Backpapier auslegen.

2. Mehl in eine Schüssel sieben, Käse, Butter, Salz und Paprika zufügen, das Ganze zu einem geschmeidigen Teig verarbeiten.

3. Den Teig mit den Händen zu einer Rolle mit einem Durchmesser von 5 cm formen.

4. Die Rolle mit einem scharfen Messer in 1 cm dicke Scheiben schneiden.

5. Die Scheiben auf einer bemehlten Arbeitsfläche verteilen.

6. Auf jede Scheibe eine Olive geben.

7. Die Scheiben zu einem Bällchen rollen.

8. Die Bällchen auf dem Backblech verteilen.

9. Das Blech in den Ofen schieben, 20 Minuten backen.

Süße Knusper-Tarte

Portionen: 12

Zutaten

Teig

200 g Mehl

75 g Butter

50 g Zucker

1 Ei

1 EL Wasser

Belag

250 g gehackte Nüsse

75 g Honig

75 g Butter

75 g Zucker

2 EL Milch

<u>Zubereitung</u>

1. Backofen auf 180 °C vorheizen, 1 Springform einfetten.
2. Butter in die Schüssel der Küchenmaschine geben, schaumig schlagen (geht auch mit dem Handrührgerät).
3. Zucker zufügen, unterschlagen.
4. Das Ei zufügen, vermischen.
5. Mehl und Wasser zugeben, das Ganze zu einem festen Teig verarbeiten.
6. Auf einer bemehlten Arbeitsfläche den Teig ausrollen, in die Springform legen.
7. Butter in einen Topf geben, erhitzen, Butter schmelzen lassen.
8. Zucker, Honig zugeben, verrühren, aufschäumen lassen.

9. Sobald sich der Zucker aufgelöst hat, die Nüsse zugeben.

10. Mit der Milch das Ganze ablöschen.

11. Die Nussmischung auf dem Kuchenboden verteilen.

12. Die Form in den Backofen stellen, 30 Minuten backen.

Zusammenfassung

Unser kleiner Ratgeber befasst sich mit Arthrose, einer chronischen Erkrankung der Gelenke. Arthrose ist nicht heilbar; doch jeder Einzelne kann sich dagegen zur „Wehr setzen", dass diese Krankheit seine Lebensfreude nimmt.

Ausgelöst wird Arthrose durch den Abbau des Knorpels. Dieser sitzt zwischen Gelenk und Knochen und bildet eine Knautschzone. Bildet sich der Knorpel zurück, reiben Knochen und Gelenk direkt aufeinander. Dieser Umstand löst die heftigen Schmerzen aus.

Arthrose kommt nicht von heute auf morgen und fällt schon gar nicht schlagartig vom Himmel. Es ist ein langwieriger Prozess, der für den Knorpelabbau steht. Betroffene spüren lange Zeit keine oder nur geringe Schmerzen; die meisten Patienten nehmen diese gar nicht wahr. Dann, wenn die starken Schmerzen anfangen, ist der Abbau des Knorpels sehr weit fortgeschritten. Erst zu diesem Zeitpunkt suchen die meisten Menschen einen Arzt auf.

Dieser röntgt den Patienten oder schickt ihn zur Computertomografie. Anhand der Bilder kann der Mediziner eine sichere Diagnose stellen: Arthrose. Eine Diagnose, die keinem Menschen gefällt.

Arthrose ist, wie bereits erwähnt, nicht heilbar. Jeder, der von Arthrose betroffen ist, muss damit zurechtkommen. Doch es gibt viele Möglichkeiten, um seine Beweglichkeit weitgehend zu erhalten. Physiotherapie ist ein Beispiel dafür, ein anderes ist die Mitgliedschaft in einem Fitnessstudio. Bei Letzterem sollte jeder Arthrosebetroffene darauf achten, dass im Fitness- oder Gesundheitsstudio fachlich versierte Therapeuten vorhanden sind, die für den Betroffenen einen individuellen Trainingsplan erstellen.

Eine der Hauptursachen für Arthrose ist Übergewicht. Unsere Knochen sind auf Normalgewicht programmiert; mit Untergewicht kommen Gelenke und Knochen klar. Im Gegensatz dazu beginnen mit Übergewicht erst die Probleme, denn die Gelenke müssen viel mehr Gewicht tragen, als das, auf das sie ausgerichtet sind. Durch diese Überbelastung steigt das Arthroserisiko ständig nach oben. Der Knorpel, der zwischen Gelenk und Knochen die Knautschzone bildet, baut sich langsam, aber ständig ab, bis er ganz verschwunden ist.

Übergewichtige Menschen sollten Körpergewicht abnehmen. Nicht schnell und schon gar nicht mit extremen Diäten, sondern durch die Umstellung ihrer Ernährung. Das ist die gesunde Form der Abnahme von Körpergewicht. Sprechen Sie mit Ihrem Arzt und lassen Sie sich von ihm beraten!

Der Trainingsplan ist nur ein Teil der therapeutischen Arbeit. Insbesondere am Anfang sollte immer ein Therapeut in der Nähe sein, der die Haltung des Mitglieds stets im Auge hat und diese korrigiert.

Gehen wir zurück zu den Ursachen, die Arthrose auslösen. In der Regel ist der Abbau des Knorpels altersbedingt. Doch nicht jeder ältere Mensch bekommt auch diese Erkrankung. Es gibt Menschen, die bereits mit 30 Lebensjahren unter Arthrose leiden und es gibt andere, die noch mit 80 Lebensjahren so beweglich sind, wie in ihrer Lebensmitte.

Zu den Ursachen gehört auch die genetisch bedingte Veranlagung. Ein weiterer Umstand ist der Beruf; Menschen, die ständig am Schreibtisch sitzen, sich privat wenig bewegen, sind anfällig für Arthrose. Das gilt auch für die Arbeitnehmer, die schwere Arbeit verrichten.

Arthrose verläuft in drei Stadien: dem Früh-, Zwischen- und Spätstadium. Im Frühstadium merken Betroffene nichts davon, dass sich der Knorpel langsam abbaut. Leichte Schmerzen treten im Zwischenstadium auf; in diesem Stadium ist es für den Arzt oft schwer, Arthrose zu erkennen. Mit der Sonografie kann er nicht nur Gelenk und Knochen

Arthrose Ernährung

erkennen, sondern auch Muskeln und den Knorpel. Auf dem Röntgenbild ist dies nicht sichtbar.

Im Spätstadium kommen dann starke Schmerzen, wenn man sich bewegt, aber auch, wenn der Betroffene gemütlich im Sessel sitzt. Die richtige medizinische Adresse ist der Orthopäde. Er verschreibt Schmerzmittel, Physiotherapie oder Wassergymnastik. Wir wissen alle, wenn wir unter Schmerzen leiden, sind wir nicht mehr wir selbst. Um den Schmerzen zu entgehen, beanspruchen wir unsere Gelenke so wenig als möglich. Und genau das ist falsch.

Bewegung und nochmals Bewegung ist für unsere Gelenke das Beste, was wir ihnen geben können. Plagt Sie die Arthrose an der Hüfte oder am Knie, dann laufen Sie. Ziehen Sie den Fuß nicht nach, sondern rollen Sie den Fuß von der Ferse zu den Zehen ab. Ich weiß, das tut höllisch weh; doch mit der Zeit laufen Sie wieder total normal. Gehen Sie täglich eine Stunde spazieren, nicht langsam, sondern zügig.

Warum das hilft? Ein Heilpraktiker verglich den Knorpel mit einem faulen Stück. Wenn der Knorpel, und damit auch das Gelenk nicht gefordert werden, dann baut der Knorpel ab und das Gelenk verformt sich. Sie sollen sich bewegen, doch von Extremsport ist abzuraten. Fragen Sie Ihren Arzt, welche Übungen gut sind; in den meisten Fällen gibt Ihnen Ihr Orthopäde Informationsmaterial mit, auf denen die einzelnen Übungen gut beschrieben sind.

Doch nicht allein die Bewegung bringt Sie wieder in Schwung, sondern auch eine entsprechende Ernährung. Die Ernährung ist ähnlich der, die für Gichtpatienten geeignet ist. Wenig tierische Fette, viel Obst und Gemüse, nach Möglichkeit glutenfreie Backwaren. Kochen Sie mit hochwertigen Omega-3-Fetten wie Leinöl, Kokosöl.

Kommen wir zu den Medikamenten. Der Mediziner verschreibt in erster Linie Schmerzmittel. Diese haben, wie alle Medikamente, Nebenwirkungen. Es gibt Menschen, die können diese Schmerzmittel einnehmen, wie andere Bonbons lutschen, und haben damit keine Probleme.

Auf der anderen Seite gibt es Menschen, welche diese Schmerzmittel überhaupt nicht vertragen. Meist meldet sich der Darm zu Wort und kann recht unangenehm werden. Es gibt aber auch pflanzliche Arzneimittel wie die Teufelskralle, die zwar länger brauchen, um den Patienten schmerzfrei zu machen, aber dafür keine Nebenwirkungen haben.

Wir haben uns in unserem kleinen Buch mit der Ernährung für Arthrosepatienten beschäftigt. Sie finden in Kapitel 7 viele Informationen darüber, wie Sie sich idealerweise ernähren sollen. Wir haben die Lebensmittel aufgelistet, die sich besonders positiv bei Arthrose auswirken sowie solche Nahrungs- und Genussmittel, welche die „Rote Karte" bekommen haben.

Im Kapitel 7.1 stellten wir Ihnen einen Ernährungsplan vor. Dies ist lediglich ein Vorschlag, der Sie dazu inspirieren soll, einen eigenen Ernährungsplan zu verfassen. Dieser Speiseplan kann die Gerichte enthalten, die wir Ihnen in unserem Kapitel 8 vorstellten.

In diesem Kapitel und seinen Unterkapiteln haben wir für Sie Rezepte für Arthrosebetroffene zusammengestellt. Auch dies soll nur eine Inspiration sein, denn wir wissen, Sie kennen noch viele vegetarische und vegane Rezepte. Beide Ernährungsweisen, sowohl vegetarisch als auch vegan, sind ideal für Betroffene, die an Arthrose, Gicht und vielen anderen Krankheiten leiden.

Auch wenn wir gerne Fleisch, Fisch, Wurst und andere tierische Lebensmittel essen, das Beste, was wir haben, schenkt uns Mutter Natur. Viele Gemüse- und Obstsorten beinhalten Antioxidantien, die freie Radikale aus dem Körper vertreiben, unsere Abwehr stärken und unsere Gesundheit erhalten.

Das gilt auch für die Vitamine, wobei für Arthrosebetroffene insbeson-

Arthrose Ernährung

dere die Vitamine C und E sehr wichtig sind. Hier können Nahrungsergänzungen eine ideale Kombination zur gesunden Ernährung sein.

Kommen wir zu einem extrem wichtigen Faktor: Trinken. Besonders ältere Menschen trinken zu wenig. An ganz normalen Tagen ist es notwendig, dass wir unserem Körper mindestens 1,5 Liter Flüssigkeit zuführen. Dabei dürfen wir zwischen Kräutertees, Grünen Tees und Mineralwasser wählen. An besonders warmen Tagen braucht unser Körper entsprechend mehr Flüssigkeit.

Für Arthrosebetroffene ist es ganz wichtig, dass sie ausreichend trinken. Alkohol sollten sie ganz weglassen; in jedem Fall den Konsum sehr einschränken. Sie tun damit Ihrem Körper einen Gefallen.

Zum Schluss wiederholen wir noch mal ein Wort von großer Bedeutung: Bewegung! Auch wenn es schwerfällt und schmerzhaft ist; Sie müssen in Bewegung bleiben. Fangen Sie bitte nicht damit an, dass Sie auch beim Laufen das Gelenk schonen wollen! Das ist der falsche Weg! Laufen Sie ganz normal; rollen Sie den Fuß von der Ferse zu den Zehen ab, auch wenn Sie insgeheim vor Schmerzen schreien können. Die Schmerzen lassen schon bald nach und Sie können ganz normal gehen. Stellen Sie Ihre Ernährung entsprechend um und, wir können das Wort nur immer wiederholen, bewegen Sie sich. Sie werden sehen, nach einiger Zeit, dabei kann es sich um Wochen oder Monate handeln, können Sie wieder ohne Schmerzen gehen und ihr Gelenk schmerzfrei bewegen.

Wir wünschen Ihnen viel Erfolg und Freude beim Nachkochen unserer leckeren Rezepte.

Impressum

Medical Academy wird vertreten durch:

Instyle Supply and Control Limited

20th Floor, Central Tower, 28

Queen's Road, Central, HK

Coverbilder

[creativelog] | [Fiverr]

Copyright © 2018 Medical Academy

Alle Rechte vorbehalten

Haftung für externe Links

Das Buch enthält Links zu externen Webseiten Dritter, auf deren Inhalt der Autor keinen Einfluss hat. Deshalb kann für die Inhalte externer Inhalte keine Gewähr übernommen werden. Für die Inhalte der verlinkten Webseiten ist der jeweilige Anbieter oder Betreiber der Webseite verantwortlich. Die verlinkten Seiten wurden zum Zeitpunkt der Verlinkung auf mögliche Rechtsverstöße überprüft. Rechtswidrige Inhalte waren zum Zeitpunkt der Verlinkung nicht erkennbar. Eine permanente inhaltliche Kontrolle der verlinkten Webseiten ist jedoch ohne konkrete Anhaltspunkte einer Rechtsverletzung nicht zumutbar. Bei Bekanntwerden von Rechtsverletzungen werden derartige Links umgehend entfernt.

www.ingramcontent.com/pod-product-compliance
Lightning Source LLC
Chambersburg PA
CBHW071554220526
45469CB00003B/1013